MÉMOIRES ET DOCUMENTS SCOLAIRES
PUBLIÉS PAR LE MUSÉE PÉDAGOGIQUE.
(2e SÉRIE.)

L'ENSEIGNEMENT DU DESSIN,

PAR

M. EUGÈNE GUILLAUME,

MEMBRE DE L'INSTITUT,
INSPECTEUR GÉNÉRAL DE L'ENSEIGNEMENT DU DESSIN,

ET

M. JULES PILLET,

INSPECTEUR DE L'ENSEIGNEMENT DU DESSIN.

Fascicule n° 36.

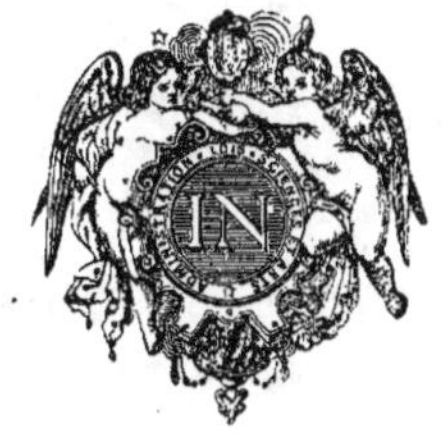

PARIS.
IMPRIMERIE NATIONALE.

HACHETTE ET Cⁱᵉ, ÉDITEURS,
Boulevard Saint-Germain, n° 79.

CH. DELAGRAVE, ÉDITEUR,
Rue Soufflot, n° 15.

ALPH. PICARD, ÉDITEUR,
Rue Bonaparte, n° 82.

DELALAIN FRERES, ÉDITEURS,
Rue des Écoles, n° 56.

ARMAND COLIN ET Cⁱᵉ, ÉDITEURS,
Rue de Mézières, n° 5.

ALC. PICARD ET KAAN, ÉDITEURS,
Rue Soufflot, n° 11.

1889.

MÉMOIRES ET DOCUMENTS SCOLAIRES

PUBLIÉS PAR LE MUSÉE PÉDAGOGIQUE.

(1re SÉRIE.)

Sous le titre de **Mémoires et documents scolaires**, le Musée pédagogique publie, à intervalles irréguliers, des travaux ou documents intéressant l'instruction publique à ses divers degrés. Les fascicules suivants, composant la 1re série, ont déjà paru et sont en vente, à Paris : aux bureaux de la *Revue pédagogique*, librairie Ch. Delagrave, rue Soufflot, n° 15 ; à la librairie Hachette, boulevard Saint-Germain, n° 79 ; chez Alphonse Picard, libraire, rue Bonaparte, n° 82 ; à la librairie Delalain frères, rue des Écoles, n° 56 ; chez Armand Colin, éditeur, rue de Mézières, n° 5. et chez MM. Alcide Picard et Kaan, éditeurs, rue Soufflot, n° 11.

Fasc. n° 1. — Le projet de loi sur l'organisation de l'enseignement primaire (1882-1884), recueil de documents parlementaires relatifs à la discussion de cette loi à la Chambre des députés. Un fort volume in-8° de XII-832 pages. Prix.... 6 fr.

Fasc. n° 2. — Une acquisition de la bibliothèque du Musée pédagogique : *Dialogus Jacobi Fabri Stapulensis in phisicam introductionem. Introductio in phisicam Aristotelis;* in-4° imprimé en 1510 par Jean Haller, à Cracovie. Étude bibliographique et pédagogique, par L. Massebieau. Une brochure in-8° de 19 pages. Prix............. 50 c.

Fasc. n° 3. — Répertoire des ouvrages pédagogiques du XVIe siècle (*Bibliothèques de Paris et des départements*). Un volume in-8° de 800 pages. Prix. 6 fr.

Fasc. n° 4. — L'enseignement expérimental des sciences à l'école normale et à l'école primaire, par René Leblanc. Une brochure in-8°. Prix...... 80 c.

Fasc. n° 5. — Compte rendu officiel du Congrès international d'instituteurs et d'institutrices, tenu au Havre, du 6 au 10 septembre 1885. Un volume in-8° de IV-211 pages. Prix.............. 2 fr.

Fasc. n° 6. — Règlements et programmes d'études des écoles normales d'instituteurs et des écoles normales d'institutrices. Un volume in-8° de 125 pages. Prix............. .... 1f 25

Fasc. n° 7. — Schola aquitanica : *Programme d'études du collège de Guyenne au XVIe siècle*, réimprimé avec une préface, une traduction française et des notes, par L. Massebieau. Un volume in-8° de 77 pages. Prix................... 1f 80

Fasc. n° 8. — Instruction spéciale sur l'enseignement du travail manuel dans les écoles normales d'instituteurs et les écoles primaires élémentaires et supérieures. Un volume in-8° de 79 pages. Prix. 70 c.

Fasc. n° 9. — Projet d'instruction pour l'installation d'écoles enfantines modèles. Un volume in-8° de 24 pages. Prix................... 50 c.

Fasc. n° 10. — Le projet de loi sur l'organisation de l'enseignement primaire (1886), recueil de documents parlementaires relatifs à la discussion de cette loi au Sénat (1re *délibération*). Un fort volume in-8° de 586 pages. Prix........ 3 fr.

Fasc. n° 11. — Le projet de loi sur l'organisation de l'enseignement primaire (1886), recueil de documents parlementaires relatifs à la discussion de cette loi au Sénat (2e *délibération*). Un volume in-8° de 391 pages. Prix.............. 2 fr.

Fasc. n° 12. — La philosophie et l'éducation ; Descartes, et le XVIIIe siècle, par Georges Lyon. Une brochure in-8° de 62 pages. Prix......... 80 c.

Fasc. n° 13. — Conférence sur l'histoire de l'art et de l'ornement, par Edmond Guillaume. Une brochure de 135 pages. Prix.................. 3 fr.

Fasc. n° 14. — Les écoles industrielles à l'étranger d'après les rapports de MM. Salicis et Jost. Une brochure in-8° de 104 pages. Prix....... 1 fr.

Fasc. n° 15. — Les boursiers de l'enseignement primaire à l'étranger. Une brochure in-8° de 72 pages. Prix............................ 50 c.

Fasc. n° 16. — Écoles d'enseignement primaire supérieur. Historique et législation. Une brochure in-8° de 79 pages. Prix.................. 50 c.

Fasc. n° 17. — L'instruction publique à l'exposition universelle de la Nouvelle-Orléans, par B. Buisson. Un volume in-8° de 295 pages. Prix.... 3 fr.

Fasc. n° 18. — Le projet de loi sur l'organisation de l'enseignement primaire (1886), recueil de documents parlementaires relatifs à la discussion de cette loi à la Chambre des députés. Un volume in-8° de 308 pages. Prix............. 1f 75

Fasc. n° 19. — Les colonies de vacances. Mémoire historique et statistique, par M. W. Bion, préface de F. Sarcey. Une brochure in-8° de 48 pages. Prix............................ 80 c.

Fasc. n° 20. — Règlements organiques de l'enseignement primaire. Un volume in-8° de 429 pages. Prix............................ 2 fr.

Fasc. n° 21. — Bibliothèques scolaires. Catalogue d'ouvrage de lecture. Une brochure de 120 pages. Prix............................ 75 c.

Fasc. n° 22. — Catalogue des bibliothèques pédagogiques. Prix...................... 50 c.

MÉMOIRES

ET

DOCUMENTS SCOLAIRES

PUBLIÉS

PAR LE MUSÉE PÉDAGOGIQUE.

(2ᵉ SÉRIE.)

L'ENSEIGNEMENT DU DESSIN,

PAR

M. EUGÈNE GUILLAUME,

MEMBRE DE L'INSTITUT,
INSPECTEUR GÉNÉRAL DE L'ENSEIGNEMENT DU DESSIN,

ET

M. JULES PILLET,

INSPECTEUR DE L'ENSEIGNEMENT DU DESSIN.

Fascicule n° 36.

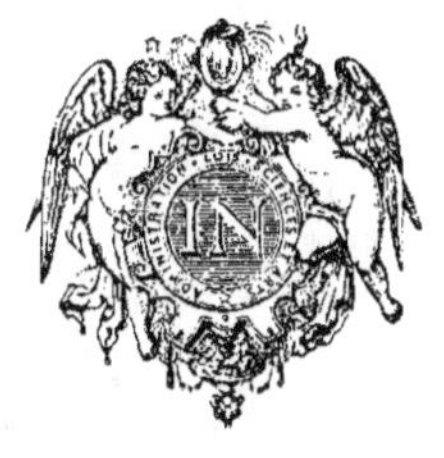

PARIS.

IMPRIMERIE NATIONALE.

M DCCC LXXXIX.

L'ENSEIGNEMENT DU DESSIN.

PREMIÈRE PARTIE.

CONSIDÉRATIONS GÉNÉRALES
SUR L'ENSEIGNEMENT DU DESSIN.

Le dessin, si l'on veut en avoir la notion vraie, doit être considéré en lui-même ; il faut s'arrêter à ses principes. Rien ne serait plus propre à en altérer l'idée que de l'étudier en se préoccupant tout d'abord de quelqu'une de ses applications. Aussi lorsqu'il s'agit de l'enseigner, quel que soit le parti que l'élève soit appelé à en tirer plus tard, faut-il préalablement l'envisager dans son essence et dans ses procédés, le faire connaître à la fois dans ses modes et dans son unité. Ces données sont d'un caractère très général et vraiment élémentaire. Elles sont d'une utilité pour ainsi dire universelle, et c'est pourquoi le dessin est inscrit dans les programmes de l'Instruction publique. Il n'est pas besoin, ce semble, de dénombrer les arts, les métiers et toutes les professions pour lesquels il est un instrument indispensable. La moindre réflexion suffit à faire comprendre l'étendue de ses applications.

Pris en lui-même, le dessin est une représentation et, essentiellement, une représentation par le trait, par le contour. Figurer les choses par une ligne qui marque leur limite, c'est le procédé instinctif de l'homme primitif et de

l'enfant : c'est la manifestation de notre faculté graphique;
en même temps, cela est parfaitement rationnel. Si l'on con-
sidère maintenant l'exercice du dessin, on voit qu'on ne
peut figurer les objets que de deux manières : ou tels qu'ils
sont réellement, ou tels que nous les voyons; il est impossible d'en concevoir la représentation en dehors de ces deux
modes. Pour représenter les objets tels qu'ils sont, on doit
les montrer soit dans leurs vraies dimensions, soit grandis ou
diminués, à condition que, dans cette transcription, toutes
leurs parties restent entre elles dans leurs relations propor-
tionnelles. On sait que ces relations ou rapports sont de
trois sortes : rapports de longueur, de largeur et d'épaisseur, qui constituent les dimensions possibles des objets.
Dans ce sens, le modèle à reproduire peut être à **deux** ou
à **trois** dimensions, suivant qu'il consiste en une figure plane
ou en un solide. Le travail du dessinateur consiste à le
rendre en tenant un compte rigoureux de ses dimensions.

Pour obtenir ce résultat, on recourt à un système de
mesures qui établit, par des cotes chiffrées, la relation des
parties avec l'ensemble et de l'ensemble avec les parties.
Ces mesures déterminent les points essentiels par lesquels
passent les contours extérieurs ou intérieurs de l'objet;
elles renferment et représentent exactement le modèle. Le
tracé obtenu de la sorte est le schême de l'objet repré-
senté, et on peut dire qu'il le contient en puissance.

On comprend sans peine quel profit on peut tirer d'un
pareil dessin : mis entre les mains d'ouvriers sachant le lire,
il leur donne le moyen de reproduire exactement l'original.
Ils le font avec une si grande précision, que, si plusieurs
d'entre eux doivent exécuter la même pièce, ces exemplaires
peuvent être confondus les uns avec les autres. Par là, ce

genre de dessin rend les plus grands services à toutes les professions qui ont pour but de construire, de créer des formes ou simplement de multiplier des images. C'est un moyen de communication d'une telle valeur, que rien ne saurait le suppléer. Aucune description n'en donnerait l'équivalent. Présentant à la fois les formes et leurs dimensions, la figuration et sa justification, il est un instrument de travail indispensable et sans égal pour l'architecte, pour l'ingénieur, pour tout artiste industriel ou artisan.

Ce dessin porte le nom de dessin géométral. Il est, dans son essence et dans ses procédés, purement mathématique; sa sûreté est absolue; mais, à bien prendre, il est une abstraction. Il représente les objets dans leur complet développement. Cependant telle est la conformation de nos yeux, que nous ne voyons que par exception les choses dans une pareille condition. Optiquement, nous ne les percevons jamais que par un point qui est, dans l'œil, celui où la vision est le plus sensible. Quelle que soit l'agilité du regard, nous embrassons difficilement la totalité de ce qui est placé devant nous. Nous ne voyons généralement les objets qu'avec des déformations qui naissent de leur situation par rapport au plan de nos yeux et à leur plus ou moins d'éloignement. Néanmoins nous pouvons avoir besoin de figurer les choses telles qu'elles nous apparaissent, et c'est le sujet même de la peinture. L'espace y est occupé par des corps de formes diverses placés à des distances et sous des aspects différents ; c'est bien là le domaine pittoresque. Or, de même que nous pouvons rendre les choses telles qu'elles sont, pouvons-nous avec une égale sûreté les représenter telles que nous les voyons ? Une science existe qui nous en donne le moyen : c'est la perspective. Elle reconstitue les conditions de la vision dans l'image et elle ramène normalement les objets perçus à l'unité.

La difficulté que nous éprouvons à voir et à dessiner en perspective est vraiment singulière : en principe, nous semblons y répugner. Cependant dessiner en perspective c'est faire ce que nous voyons comme nous le voyons. Mais, par instinct, nous sommes disposés à rendre les choses non telles que nous les percevons, mais telles que nous savons qu'elles sont. La figuration graphique est un phénomène qui semble relever plutôt de la connaissance que de l'observation directe. Néanmoins l'obéissance aux lois de la perspective s'impose à nous comme le respect de la vérité; c'est une nécessité et c'est un devoir. L'application que l'on fait de ses règles donne aux œuvres une autorité indiscutable. Et comment en serait-il autrement, puisque les solutions obtenues ont le caractère de vérités, à la fois, physiologiques et mathématiques !

Dans ces conditions, on peut dire que, de quelque manière que l'on envisage le dessin, que ce soit comme représentation des objets tels qu'ils sont ou comme image de ce qui s'offre à nos yeux, il présente toujours dans ses procédés et dans ses résultats une précision absolue : c'est un instrument de nature exacte. Ainsi donc, qu'il s'agisse du géométral ou du perspectif, il donne une figure vraie des choses. On peut se plaire à son exercice; mais il dépasse de beaucoup, par les moyens dont il dispose et par sa portée, l'idée que l'on se fait d'un art d'agrément.

Maintenant, si l'on réfléchit aux opérations mêmes du dessin, on reconnaîtra que, pour rendre rigoureusement les choses telles que nous les voyons, il faut les connaître telles qu'elles sont. Dans la pratique, on a à figurer, le plus souvent, des objets inaccessibles, et c'est à le faire correctement que sert la perspective dite *d'observation*. Mais, dans les exercices de perspective régulière, on part d'un relevé géométral. On passe donc d'un mode de dessin à l'autre; et, s'il est possible de mettre dans les conditions de la perspective un objet vu en soi, on peut opérer inversement et reconstituer un géométral d'après sa perspective. Cette double possibilité de transposer les images constitue, en dernière analyse, l'unité du dessin.

En résumé, il n'y a rien dans ce que le dessin embrasse qui ne puisse être tracé mathématiquement. Il en est ainsi des ombres comme du développement de toutes les surfaces. Il n'y a pas un trait dessiné qui n'ait sa raison.

La langue technique du dessinateur, de l'artiste, n'est pas différente de celle du géomètre. Les lignes, les surfaces, les plans, l'équilibre, la symétrie, la proportion, sont des dénominations qui se trouvent dans la bouche du savant et de l'artiste avec un sens identique. Il y a donc entre l'art et la science des liens étroits, et nous en trouvons la confirmation dans cette expression si juste et si bien française : la science du dessin.

C'est à la science du dessin, à sa partie certaine, que l'enseignement doit d'abord s'attacher. Mais, qu'on ne s'y trompe pas, il ne s'agit point, dans la pratique et d'une manière absolue, de l'emploi de la règle et du compas, d'un travail d'épure. Tout au contraire, le dessin reste, à l'école, un exercice de l'œil et de la main. Mais cet exercice est méthodique, et c'est la correction qu'il doit viser avant tout, comme c'est la correction que l'on a en vue dans le premier enseignement des langues. A bien prendre, le dessin est une langue et il a sa grammaire. Ici le sentiment particulier de l'élève, sa vocation, ne sauraient se présumer, pas plus qu'à l'école primaire et dans les premières classes du lycée et du collège, on ne prévoit que tel enfant sera un poète, un orateur, un historien. Mais on cherche à mettre à sa disposition l'orthographe comme un instrument indispensable, avec la conviction que, quelle que soit sa carrière, il devra savoir, avant tout, parler et écrire correctement.

Il est vrai que l'application du dessin aux Beaux-Arts est celle qui préoccupe le plus, et que c'est une des plus importantes. L'architecture, la sculpture, la peinture, forment le groupe des arts du dessin. Faut-il pousser de préférence l'enseignement de ce côté ? Nous le répétons : il est préférable de montrer à dessiner comme si la carrière d'artiste ou celle d'ingénieur n'existaient pas. Mais cela ne veut pas dire que l'on doive négliger l'occasion qui est offerte, par l'étude du dessin, de perfectionner le goût des élèves et partant le goût public. C'est le choix des modèles qui est destiné à rendre ce service. Ceux-ci devront être pris parmi les chefs-d'œuvre de l'art et en représenter, autant que possible, les types les plus excellents. Qu'il s'agisse d'ornements, de figures, d'éléments d'architecture, d'organes de machine, de modèles de construction ou, à plus forte raison, de grands ensembles, on ne devra présenter aux élèves que les plus beaux et les plus parfaits parmi les exemples qui existent. Les maîtres pourront insister sur leur mérite; les professeurs d'histoire et d'humanités, chercher dans les monuments figurés des auxiliaires pour leurs leçons, et le professeur de philosophie, se référer à la collection de modèles du lycée ou du collège dans ce qu'il dira sur l'esthétique. Sous ce rapport, on ne fera jamais assez et tout est à faire. Mais la pédagogie demande à être maintenue dans son domaine, et le professeur de dessin doit, avant tout, enseigner à dessiner.

Le dessin est obligatoire dans les établissements d'ordre primaire et d'ordre secondaire de l'Université. Dans les uns et dans les autres, il est réglé d'après la même méthode. Mais, selon l'ordre des enseignements, les programmes sont plus ou moins développés. Cependant ceux-ci, dans leur partie élémentaire, sont identiques. Dans les classes primaires quelles qu'elles soient, on donne la notion essentielle du dessin et c'est sur cette partie fondamentale et impersonnelle qu'il importe d'insister. Elle contient tout le reste, et c'est à la faire pénétrer dans l'esprit des enfants que le professeur doit principalement s'appliquer.

Eugène GUILLAUME,

Membre de l'Institut,

Inspecteur général de l'Enseignement du dessin.

DEUXIÈME PARTIE.

MONOGRAPHIE DE L'ENSEIGNEMENT DU DESSIN.

CHAPITRE PREMIER.

HISTORIQUE.

§ 1. PRÉLIMINAIRES DES RÉFORMES APPORTÉES DEPUIS DIX ANS DANS L'ENSEIGNEMENT DU DESSIN.

Au point de vue historique, nous n'avons à nous occuper que de la période, tout à fait récente, s'étendant de 1878 à 1889. Nous renverrons le lecteur qui désirerait connaître les phases successives par lesquelles est passé l'enseignement du dessin avant notre dernière exposition universelle à l'article spécial publié dans le Dictionnaire de pédagogie et d'instruction primaire [1].

C'est surtout à l'influence de la société connue sous le nom d'*Union centrale des Beaux-Arts appliqués à l'industrie* que l'on est redevable du grand mouvement imprimé depuis vingt-cinq ans à l'enseignement du dessin et des réformes apportées dans les méthodes. En 1866, à la suite d'une de ses premières expositions, l'Union centrale, qui avait convié à des concours de dessin les élèves de toutes les écoles de France, était frappée, et le public le fut avec

[1] *Dictionnaire de pédagogie et d'instruction primaire. Historique sommaire de l'enseignement du dessin*, 1re partie, page 689. Hachette, éditeur.

elle, de la faiblesse des résultats, du désarroi dans les méthodes ainsi que de la stérilité des études de dessin, et elle demandait à M. Eugène Guillaume d'être son porte-parole auprès de la France attentive et inquiète sur l'avenir réservé à ses industries d'art.

L'éminent artiste, dans le discours qu'il prononçait le 10 décembre 1865 à la distribution des récompenses, rendait compte des travaux des jurys, signalait les points faibles des concours et traçait, dans un magistral langage, les grandes lignes d'un enseignement rationnel des beaux-arts.

Quelques semaines après, répondant à un désir unanime, il publiait sous le titre : *Idée générale d'un enseignement élémentaire des Beaux-Arts appliqués à l'industrie,* le plan complet d'un enseignement élémentaire et méthodique du dessin.

Dès lors, l'ère des réformes était ouverte et la voie était tracée avec une telle sûreté par M. Guillaume, qu'aujourd'hui ces réformes sont un fait presque accompli. Dans toutes les écoles de France, on enseigne le dessin d'après un seul programme, et les professeurs, jadis désunis et livrés à eux-mêmes, forment maintenant un personnel qui compte parmi les mieux recrutés et les plus sévèrement contrôlés. On peut relire le discours et le plan d'enseignement écrits il y a vingt-quatre ans, on n'y trouvera pas un mot à changer, pas une idée dont la réalisation ne puisse être considérée aujourd'hui comme acquise ou sur le point de l'être. Rarement, nous le croyons, dans l'histoire de la pédagogie, un document a eu un tel caractère de prophétie.

§ 2. MESURES ADMINISTRATIVES.

1° *Les inspecteurs et la première inspection.*

En 1878, M. Bardoux étant Ministre de l'instruction publique, et M. Eugène Guillaume directeur des Beaux-Arts, un arrêté, en date du 31 janvier 1879, instituait le corps des inspecteurs de l'enseignement du dessin.

La première inspection générale eut lieu, à la fois, dans toute la France et elle fut faite, dans le courant de l'année 1879, par les 19 inspecteurs qui avaient été nommés.

Ce fut plutôt une vaste et consciencieuse enquête qu'une inspection proprement dite. Elle révéla un manque presque absolu de méthode, une faiblesse générale dans les résultats, un état plus que défectueux du matériel et des modèles; mais, par contre, elle permit de reconnaître une bonne volonté évidente dans le personnel des professeurs, unie à des capacités et à des talents qui ne demandaient qu'à être dirigés, encouragés et soutenus pour produire les meilleurs résultats.

2° *La grande Commission d'étude.*

Le dépouillement de cette enquête eut pour conséquence, presque immédiate, la nomination d'une grande Commission d'étude.

Dans la séance d'ouverture, M. Jules Ferry, alors ministre, traçait comme suit à cette commission le programme des travaux qu'elle devait accomplir : Étudier les méthodes en usage, les discuter et dégager de cette étude une méthode définitive; rédiger les programmes de l'enseignement du dessin; dresser la liste des modèles considérés comme étant les meilleurs à employer pour mettre en pratique la méthode et les programmes proposés.

On trouvera plus loin le texte des programmes et les listes de modèles qui ont été définitivement adoptés.

3° *Musée pédagogique de l'enseignement du dessin.*

En même temps une vaste salle était aménagée, rue de Valois, dans les bâtiments de l'Administration des beaux-arts et l'on y réunissait, sous le nom de *Musée pédagogique de l'enseignement du dessin* [1], non seulement les livres et les modèles choisis par la commission, mais encore tout ce que les écoles libres et les éditeurs avaient reçu l'autorisation d'y exposer, autorisation accordée sous la seule réserve que ces livres ou que ces modèles ne fussent pas en opposition marquée avec les méthodes officielles.

Parmi les objets ainsi exposés, on remarquait les séries de la ville de Paris, celles des Frères de la doctrine chrétienne et les collections des principaux éditeurs, Goupil, Delarue, Hachette, Delagrave, Quantin, Delalain, etc.

4° *La première session d'examens pour le professorat.*

La même année 1879, et en quelque sorte à titre d'essai, on ouvrait pendant les vacances de Pâques une session d'examens pour le certificat d'aptitude à l'enseignement du dessin.

---

[1] Malheureusement les collections ainsi réunies rue de Valois en ont été enlevées presque immédiatement, la salle ayant été convertie en bureaux. Ce musée, si intéressant et qui était appelé à rendre de si grands services, a été, en partie seulement, reconstitué au musée pédagogique de la rue Gay-Lussac.

On put alors se rendre compte, d'après le nombre des candidats qui se présentèrent et par la valeur de ceux à qui le titre fut délivré, de l'accueil qui serait fait par le public à la création d'un diplôme spécial; on put apprécier la force que donnerait à l'enseignement du dessin l'organisation d'un personnel composé de professeurs qui, ayant passé par les mêmes épreuves, enseigneraient nécessairement avec une grande unité de méthode.

Ces examens du professorat ont été définitivement constitués l'année suivante, 1880; ils sont aujourd'hui au nombre de trois; on en trouvera plus loin les programmes.

§ 3. SESSIONS NORMALES.

Un peu plus tard, en 1882, après que les examinateurs eurent constaté que les candidats au professorat, surtout ceux de la province, éprouvaient de grandes difficultés pour se préparer, et que les mêmes parties de l'examen restaient toujours faibles et souvent insuffisantes, le Ministère décida de réunir chaque année, à l'École des beaux-arts, sous le nom de *sessions normales*, les professeurs n'ayant pas encore de certificat d'aptitude et, plus généralement, tous les postulants qui lui furent désignés par les inspecteurs.

Le nombre de personnes, tant hommes que dames, ainsi autorisées à suivre les sessions normales fut de 220 en moyenne, chaque année, dont les trois quarts environ vinrent de la province. A ces dernières, l'Administration accordait les frais de voyage et une indemnité pécuniaire pour chaque journée de séjour à Paris.

Les sessions normales duraient de huit à dix jours; elles avaient lieu sous la direction immédiate des inspecteurs;

elles étaient présidées par l'Inspecteur général. Leur programme comprenait des conférences sur divers points de l'enseignement [1], et des exercices de dessin [2] suivis de corrections faites, en public, par les assistants; ces corrections étaient sanctionnées par un jugement que rendait un jury constitué par la réunion d'un certain nombre d'entre eux.

Dans les dernières sessions normales, certains points du programme de dessin géométrique firent l'objet de remarquables leçons professées au tableau par quelques assistants qui s'étaient offerts volontairement.

Les résultats de ces différentes sessions normales furent considérables. L'un des plus importants fut de préciser certains points des programmes qui, pour tout le monde, présentaient encore, sinon de l'obscurité, du moins de l'indétermination. Le niveau des examens en fut presque immédiatement élevé. Les inspecteurs, ainsi réunis chaque année dans ces sortes d'assises de l'enseignement du dessin, échangèrent leurs idées; appelés à apprécier chaque jour les résultats des séances qui avaient eu lieu dans la journée, ils discutèrent et tranchèrent définitivement les questions de méthode que le plus léger incident suffisait souvent à soulever; ils se mirent en contact immédiat avec les professeurs de leurs circonscriptions et mirent ces professeurs en communication les uns avec les autres.

[1] Conférences sur l'enseignement primaire du dessin; sur l'organisation des classes de dessin; sur le relevé géométral; sur les ombres; sur la perspective; sur l'anatomie; sur l'architecture; sur l'histoire de l'ornement, etc.

[2] Relevé géométral. Perspective d'un fragment d'architecture. Dessin d'un modèle mural, d'un objet usuel, d'un ornement, d'un buste et d'une figure d'après l'antique; d'une tête et d'une figure d'après nature.

Bref, on peut dire que chaque session normale a eu pour résultat de préciser tel ou tel point des programmes et qu'aujourd'hui il n'y a plus un seul de leurs paragraphes dont l'application présente de l'incertitude, du moins en ce qui regarde le dessin d'imitation.

§ 4. ÉTAT ACTUEL.

En résumé, à l'heure actuelle, un grand pas est fait. Les programmes sont rédigés définitivement pour chaque ordre d'enseignement (dessin d'imitation et dessin géométrique), et rien n'autorise à penser qu'il y ait lieu de les modifier, car partout où ils ont été sérieusement et intelligemment appliqués, ils ont donné des résultats certains.

Pour le dessin d'imitation, les modèles existent; ils ont fait l'objet d'un choix très sévère et ils ont été répandus, on peut presque le dire, avec profusion dans tous les établissements où l'on enseigne le dessin. Il reste quelques vides à combler, surtout dans les séries élémentaires; c'est une question qui doit être traitée avec beaucoup de prudence et qui se résoudra avec le temps.

Pour le dessin géométrique, les séries sont encore peu nombreuses et incomplètement étudiées; mais on est allé au plus pressé, qui était le dessin d'imitation; de ce côté, un effort gigantesque a été fait; le tour du dessin géométrique ne tardra pas, sans doute, à venir.

Le recrutement des professeurs est assuré par les examens spéciaux du professorat, examens comparables, par leur difficulté, à ceux de la licence et de l'agrégation dans l'ordre des lettres ou dans l'ordre des sciences. Il ne suffit plus aujourd'hui d'avoir exposé au Salon, et la position de professeur de dessin n'est plus considérée comme une compensation donnée à ceux pour lesquels la carrière des arts ne s'est pas aussi largement ouverte qu'ils l'auraient désiré. On exige des professeurs de dessin une instruction solide et complète; on veut qu'ils donnent la preuve de leurs capacités pédagogiques, et l'on pense qu'il ne suffit pas d'avoir un certain talent d'exécution pour savoir enseigner.

Enfin les sessions normales, en mettant à plusieurs reprises les inspecteurs en rapport avec plus de mille professeurs venus de tous les points de la France, ont concouru puissamment à l'échange des idées ainsi qu'à l'unification et à l'établissement définitif des méthodes.

On peut donc dire aujourd'hui, sans crainte d'exagération, que l'enseignement du dessin est établi en France avec une solidité que peu d'enseignements présentent à un même degré.

S'il reste encore beaucoup à faire, néanmoins le plus difficile, c'est-à-dire l'organisation générale, est un fait acquis.

Pourvu que l'on continue dans la même voie, que l'on ne laisse pas s'endormir les bonnes volontés et, surtout, que l'on ne change rien aux programmes, on peut affirmer que le moment est proche où les résultats les plus sérieux de tant d'efforts accomplis vont être obtenus, seront constatés par la nation et se manifesteront par un élan puissant imprimé à la production industrielle et artistique du pays.

CHAPITRE II.

ENSEIGNEMENT DU DESSIN D'IMITATION.

I

LES PROGRAMMES ET LES MODÈLES.

---

§ 1. CARACTÈRES GÉNÉRAUX DES PROGRAMMES ET DES COLLECTIONS DE MODÈLES.

Un des caractères principaux des programmes élaborés par la grande Commission d'étude est l'unité qu'elle a cherché à leur donner.

Elle a rédigé un programme unique pour chacun des deux genres de dessin sans s'inquiéter, tout d'abord, de savoir à quelle espèce d'établissement il s'adresserait.

En même temps qu'elle discutait la rédaction des programmes et qu'elle étudiait l'enchaînement de leurs paragraphes, elle se rendait compte de la manière dont il serait possible d'en faire l'application et elle dressait la liste des modèles répondant à chaque paragraphe et presque à chaque mot du texte. Du même coup, elle fixait donc la méthode et elle en assurait la pédagogie.

De même que le dessin est *un*, de même, à son avis, il ne peut y avoir qu'*un* seul programme et qu'*une* seule collection de modèles. Aux subdivisions, dans l'un, répondent des séries dans l'autre. Tandis que l'enseignement du

IMPRIMERIE NATIONALE.

dessin à l'école primaire s'arrête aux éléments, se borne aux huit premiers paragraphes et n'emploie que des modèles des premières séries, celui des écoles normales v plus loin, atteint le paragraphe 15, s'y arrête, alors que celui des lycées et des écoles spéciales de dessin épuise entièrement le programme général.

Afin de rester dans l'esprit, si méthodique, de la Commission, nous allons donner, article par article, le texte des programmes; nous indiquerons, en même temps, les modèles qui en permettent l'application; nous dirons à quels établissements et à quelles classes de ces établissements chacun d'eux s'applique, et, tout en cherchant à faire comprendre au lecteur l'enchaînement et la logique des programmes, nous essaierons de le mettre au courant de la pédagogie qui leur convient et qui est actuellement suivie avec un grand succès dans la plupart des établissements universitaires, particulièrement dans les écoles normales primaires.

§ 2. PROGRAMME GÉNÉRAL.

Le programme général de dessin d'imitation comprend 17 paragraphes, se répartissant dans quatre grandes subdivisions. Chacune de ces subdivisions répond à une période distincte de l'enseignement du dessin. En voici le texte :

PREMIÈRE PARTIE.

Étude élémentaire des figures à deux dimensions.

1. Tracé et division de lignes droites en parties égales. — Évaluation des rapports de lignes droites entre elles.
2. Évaluation et reproduction des angles.

3. Principes élémentaires du dessin d'ornement. Circonférences, polygones réguliers, rosaces étoilées.

4. Courbes régulières autres que la circonférence; courbes elliptiques, spirales, volutes; courbes empruntées au règne végétal; tiges, feuilles, fleurs.

DEUXIÈME PARTIE.

Étude élémentaire des figures à trois dimensions.

5. Premières notions sur la représentation des objets dans leurs dimensions vraies (*Éléments du dessin géométral*) et sur la représentation de ces objets dans leur apparence (*Éléments de la perspective*)[1].

6. Représentation géométrale, au trait, et représentation perspective, avec les ombres, de solides géométriques et d'objets usuels simples.

7. Dessin d'après des ornements en relief empruntant leurs éléments à des formes non vivantes, tels que moulures, denticules, perles, rais de cœur, oves; copie de plâtres représentant des ornements plans d'un faible relief (Modèles plan sur plan).

TROISIÈME PARTIE.

*Étude élémentaire de l'ornement, de l'architecture,
de la tête humaine et des animaux.*

8. Dessin d'après des ornements en bas-relief empruntant leurs éléments à des formes vivantes, telles que feuilles et fleurs ornementales, palmettes, rinceaux.

9. Dessin d'après des fragments d'architecture, tels que dés, piédestaux, bases et fûts de colonnes, antes, corniches.
Notions sur les ordres d'architecture.

10. Dessin de la tête humaine. Premières notions sur la structure générale et sur les proportions de ses différentes parties.

11. Dessin d'après des fragments d'architecture, tels que chapiteaux, mascarons, griffes et griffons, masques de théâtre, vases, têtes décoratives d'animaux.

[1] Il ne s'agit ici que de la perspective d'observation.

2.

QUATRIÈME PARTIE.

Étude élémentaire de la figure humaine.
Développements des études précédentes.

12. Ensemble et proportions de la figure humaine.

13. Étude et dessin des parties du corps humain. — Notions élémentaires d'anatomie; copie d'extrémités et de détails de la figure humaine.

14. Dessin d'après des fragments d'architecture : figures décoratives, cariatides, vases ornés de figures, frises ornées.

Ensemble et détails de l'ordre dorique, de l'ordre ionique et de l'ordre corinthien.

15. Dessin de la figure humaine et des animaux.

Nota. — *Les photographies ne peuvent être admises, comme modèles, qu'autant qu'elles reproduisent des dessins de maîtres.*

16. Développements et applications des études précédentes. — Quelques leçons pourront être consacrées à l'étude de la tête d'après nature.

17. Études de paysage. Les élèves seront exercés à dessiner, d'après nature, des paysages et des édifices.

Modelage et composition.

§ 3. PROGRAMMES SPÉCIAUX AUX DIVERS ÉTABLISSEMENTS
SCOLAIRES.

La répartition des paragraphes de ce programme général d'après les classes ou d'après les années des divers établissements scolaires se fait de la manière suivante :

I. ÉCOLES PRIMAIRES.

Cours inférieur. § 1, 2 et 3.
Cours moyen, § 2, 3, 4 et 5.
Cours supérieur. § 4, 5, 6 et 7.
Cours complémentaires et écoles primaires supérieures, § 5, 6, 7, 8.
9, 10 et 11.

II. Écoles normales primaires.

Première année, § 1, 2, 3, 4 et 5 (revision rapide), § 6, 7 et 8.

Deuxième année, § 6, 7, 8, 9 et 11.

Troisième année, § 7, 8, 9, 11 et facultativement § 10 (Dessin de la tête humaine).

Conférences sur la pédagogie du dessin. Leçons faites par les élèves-maîtres à l'école annexe.

III. Lycées et collèges, enseignement secondaire spécial.

Classe primaire et année préparatoire, § 1, 2, 3 et 4.

Première année, § 3, 4, 5, 6 et 7.

Deuxième année, § 5, 6, 7, 8 et 9.

Troisième année, § 8, 9, 10 et 11.

Quatrième année, § 9, 10, 11, 12 et 13.

Cinquième et sixième années, § 12, 13, 14, 15, 16 et 17.

IV. Lycées et collèges, enseignement classique.

Classe primaire et classe préparatoire, § 1, 2, 3 et 4.

Classe de huitième, § 1, 2, 3 et 4.

Classe de septième, § 3, 4, 5, 6 et 7.

Classes de sixième et de cinquième, § 5, 6, 7, 8 et 9.

Classe de quatrième, § 8, 9, 10 et 11.

Classe de troisième, § 10, 11, 12 et 13.

Classes de seconde et de mathématiques préparatoires, § 12, 13, 14 et 15.

Classes de rhétorique, philosophie, mathématiques élémentaires et mathématiques spéciales, § 12, 13, 14, 15, 16 et 17.

Nota. La préparation aux écoles du Gouvernement se fait selon les exigences des examens d'admission.

§ 4. MODÈLES.

La plupart des modèles dont nous allons donner ci-après l'énumération sont tirés de la collection des moulages de l'Ecole des beaux-arts. Ils figurent au catalogue de l'école sous les numéros indiqués à gauche.

Nous les donnons dans l'ordre suivant lequel les meilleurs professeurs les font exécuter.

Néanmoins hâtons-nous de dire que ce classement n'a rien de rigoureux, pédagogiquement parlant.

N° 1. Collection complète des Écoles normales
et des Écoles primaires supérieures.

Série A. — *Modèles graphiés pour l'enseignement primaire du dessin.*
(Programme général, § 1, 2, 3 et 4.)

Nᵒˢ.		PRIX.
»	Dix grandes feuilles, par Cernesson (*modèles muraux*) . . .	7ᶠ 00ᶜ
»	Deux cahiers (cours élémentaire), par Cernesson.	1 40
»	Neuf grandes feuilles, dessin à main libre, courbes elliptiques, etc. (nᵒˢ 7, 9, 10, 11, 12, 13, 15, 16 et 17), Montrocq, éditeur (*modèles muraux*).	
»	Grammaire du dessin, de Cernesson (livre à l'usage des maîtres).	16 00
»	Instruments pour l'étude au tableau, règle graduée, etc. .	9 40

Séries B, C et D. — *Modèles pour l'enseignement élémentaire du dessin perspectif à vue et du dessin géométral.* (Programme général, § 5 et 6.)

÷	Cinq solides géométriques (cube, prisme, cylindre, pyramide, cône), en fil de fer	18ᶠ 00ᶜ
»	Cinq solides (les mêmes que ci-dessus), en zinc peint en blanc.	22 75
»	Huit modèles d'ornement, plan sur plan, de la collection dite «*de l'École des arts décoratifs*», nᵒˢ 1 à 8.	22 40
»	Assemblages de charpente et de menuiserie (12 pièces). .	52 50
»	Perspective élémentaire d'Ottin, et cahier	0 59

Séries E et F. — *Fragments et ornements d'architecture.*
(Programme général, § 7, 8, 9, 11 et 14.)

Nᵒˢ.		
2839	Denticules. Temple de Castor et Pollux.	5 25
2838	Perles (agrandies). Temple de Castor et Pollux	5 25
2739	Oves (restaurés). Temple de Mars vengeur.	7 13

Nᵒˢ.				
2740	Rais de cœur (restaurés) du temple de Mars vengeur....		5ᶠ	25ᶜ
2966	Filet grec du temple de Mars vengeur...............		9	00
»	Canaux du larmier. (Temple de Castor et Pollux.)......		6	75
2852	Piédestal......................................		4	88
2872	Partie d'ante.................................		9	00
2942	Frise grecque (restaurée)........................		3	75
1096	Frise du Capitole	1ᵉʳ fragment.....................	2	25
1097		2ᵉ fragment......................	1	90
2634		3ᵉ fragment (la palmette).........	3	00
2741	Frise avec rinceaux (restaurée)....................		9	00
2777	Feuille d'acanthe. (Temple de Mars vengeur.).........		13	50
406	Stèle		1	88
2868	Vase amphore	Style grec (d'après les terres cuites	10	50
2869	Vase cratère.......	du musée du Louvre).......	12	00
2870	Vase hydrie		13	50
1195	Vase Sosibius..................................		16	50
2938	Rosaces Renaissance.	de l'ancien hôtel de ville de Paris	10	50
2936		(les rosaces sont dans leurs caissons)................	10	50
2770	Ordre dorique du théâtre de Marcellus, à Rome (restauration à moitié par M. Dutert.)	La corniche................	26	25
2769		La frise et l'architrave........	18	75
2768		Le chapiteau................	18	75
2776	Ordre ionique du théâtre de Marcellus (restauration à moitié par M. Dutert), 5 pièces : 75 francs..	Corniche, partie supérieure.....	11	50
2775		Corniche, partie inférieure......	19	00
2774		Architrave et frise...........	15	00
2773		Chapiteau..................	21	00
2772		Base.....................	16	50
2827	Ordre corinthien du temple de Jupiter Stator, à Rome (restauration au quart par M. Dutert), 5 pièces : 262 fr. 50.	Corniche, partie supérieure.....	68	00
2826		Corniche, partie inférieure......	38	00
2825		Frise et architrave...........	34	00
2824		Chapiteau..................	113	00
2823		Base.....................	30	00
»	Planche représentant les ordres...................		0	50
»	Six planches du cours d'ornement, par Grellet (nᵒˢ 3, 8, 14, 20, 46, 48)................................		5	40

SÉRIE G. — *Animaux et ornements qui en dérivent.*
(Programme général, § 11 et 15.)

Nᵒˢ.

676	Tête du cheval de bronze. Musée de Florence...........	22ᶠ 50ᶜ
2778	Griffe avec tête de lion (restaurée).................	11 25
2625	Tête de molosse. Musée de Florence..............	6 00

SÉRIE H. — *Tête humaine, masques et bustes.*
(Programme général, § 10 et 14.)

2746	Junon ludovisi (masque colossal)...................	24 00
1476	Minerve (masque)................................	2 62
1418	Ariane (buste)...................................	11 25
1433	Antinoüs en Bacchus (buste).......................	15 00
1451	Agrippa (buste)..................................	5 25
1301	Voltaire de Houdon (buste).........................	11 25
1994	Tête de cariatide de la villa Albani..................	22 50
»	Onze planches du cours de Bargue (nᵒˢ 34, 36, 38, 40, 50, 52, 55, 59, 63, 68, 69)..................	17 60
»	Dix planches dessinées par L. Cogniet (nᵒˢ 1, 2, 3, 6, 9, 14, 15, 17, 19, 22)....................	4 80
»	Têtes esquissées et ombrées. — Vingt photographies d'après les grands maîtres...........................	71 20

SÉRIES I et J. — *Extrémités du corps humain et anatomie.*
(Programme général, § 13.)

1471	Jambe de Germanicus.............................	3 75
1046	Bras d'homme avec pectoral........................	5 25
2902	Écorché, de Caudron	13 50
1477	Bras écorché....................................	3 00
1552	Jambe écorchée..................................	2 25
-	Planche explicative du Dʳ Fau.....................	2 00

SÉRIE K. — *Torses et figures entières.* (Programme général,
§ 12 et 15.)

2843	Ptolémée et Arsinoé (camée).......................	1 50
2844	Cérès et Bacchus (camée).........................	1 50
2745	Trois villes personnifiées (bas-relief)...............	16 50
2743	Combat d'amazones (bas-relief d'Éphèse).............	52 50
2062	Panneau : enfant et rinceaux (bas-relief).............	4 13

Nᵒˢ.		
633	Victoire ailée. Temple de la Victoire aptère, Athènes.....	13ᶠ 50ᶜ
2818	Le Faune au chevreau (statue)..................	82 50
1388	Le Tireur d'épine (statue).....................	37 50
2920	Vénus de Milo (réduction).....................	22 55
2815	Achile Borghèse (réduction)...................	36 80
2919	Le Gladiateur (réduction).....................	33 75

Le prix total de cette collection s'élève à la somme assez considérable de 1,300 francs, ce qui explique pourquoi toutes les écoles normales n'en ont pas encore été dotées; mais toutes, sans exception, ont reçu la collection nᵒ 2 qui est une réduction de la collection complète. Nous en donnons ci-après le catalogue.

Nᵒ 2. COLLECTION RÉDUITE DES ÉCOLES NORMALES.
DÉSIGNATION DES MODÈLES.

Nᵒˢ.			
»	Solides géométriques en zinc peint en blanc (Hauteur : 0ᵐ20.)	Cube....................	Ensemb. 22ᶠ 75ᶜ
»		Prisme'...................	
»		Cylindre..................	
»		Pyramide.................	
»		Cône.....................	
2839	Denticules. Temple de Castor et Pollux..............		5 25
2838	Perles (agrandies). Temple de Castor et Pollux.........		5 25
»	Canaux du larmier. Temple de Castor et Pollux........		6 75
2739	Oves du caisson du temple de Mars vengeur...........		7 13
2740	Rais de cœur du caisson du temple de Mars vengeur		5 25
2872	Partie d'ante..............................		9 00
2966	Filet grec du temple de Mars vengeur...............		9 00
2942	Frise grecque (restaurée).....................		3 75
1096	Frise du Capitole ...	1ᵉʳ fragment..................	2 25
1097		2ᵉ fragment.................	1 90
2634		3ᵉ fragment (la palmette)......	3 00
2869	Vase cratère........	Style grec (d'après les terres cuites	12 00
2868	Vase amphore......	du musée du Louvre)........	10 50
2770	Ordre dorique (thé-	La corniche................	26 25
2769	âtre de Marcellus à	La frise et l'architrave........	18 75
2768	Rome)...........	Le chapiteau...............	18 75

Nᵒˢ.

2777	Feuille d'acanthe du temple de Mars vengeur.........		13ᶠ 50ᶜ
2933	Rosaces Renaissance.	de l'ancien hôtel de ville de Paris.	10 50
2936		Les rosaces sont dans leurs caissons..................	10 50

II

DÉVELOPPEMENTS PÉDAGOGIQUES.

—

§ 1. AVERTISSEMENT.

Le lecteur, qui voudra parcourir et rattacher ensemble le texte des programmes et la grande liste des modèles, pourra se rendre compte de la méthode dont ces deux documents ont pour objet de permettre l'application.

Cette méthode n'est véritablement nouvelle que dans ses deux premières parties (§ 1 à 7); c'est là qu'elle est primaire dans la réelle acception du mot, c'est-à-dire susceptible d'être appliquée par tous les instituteurs, sans exiger de leur part une éducation artistique. Ces premiers paragraphes sont rédigés avec une concision très grande, trop grande peut-être; mais ils accusent, néanmoins, des idées pédagogiques nouvelles, complètes, très logiquement enchaînées les unes avec les autres. Comme ces qualités pourraient échapper au lecteur, nous lui demandons la permission d'entrer dans quelques développements au sujet de cette partie primaire. Il nous suffira, pour cela, de résumer pour lui les discussions qui ont précédé la rédaction définitive des programmes et de lui rendre compte, sommairement, des observations et des expériences faites par nos meilleurs professeurs, ainsi que des constatations relevées dans les inspections.

§ 2. PÉDAGOGIE DE LA PREMIÈRE PARTIE :
ÉTUDE ÉLÉMENTAIRE DES FIGURES À DEUX DIMENSIONS.

Les deux premiers paragraphes ont pour objet de mettre l'élève en possession de la ligne droite, de lui donner la notion exacte du fractionnement des lignes et de le conduire à la notion des rapports, notion sans laquelle la science du dessin ne saurait exister.

Par ces mots, *évaluation et reproduction des angles*, il ne faut pas entendre une évaluation faite par degrés, minutes et secondes, ni une reproduction exécutée au compas; il ne saurait être question de se servir d'un rapporteur, comme plusieurs personnes l'ont cru ou ont affecté de le croire.

Rarement, dans la nature, une ligne droite suit la direction de l'horizontale ou de la verticale; d'ailleurs, serait-elle horizontale, que la perspective lui donnerait le plus souvent l'apparence d'une ligne penchée.

L'idée implicitement contenue dans ce que les artistes nomment le *mouvement* d'une figure découle directement de la notion géométrique d'inclinaison et de pente, c'est-à-dire, en définitive, de l'idée d'angle.

Par des exercices gradués, qui sont assurément moins arides que ceux qu'il faut imposer aux élèves pour arriver à leur apprendre à lire et à écrire, il est indispensable que l'on donne aux enfants l'habitude d'évaluer et de reproduire rapidement, et presque instantanément, des rapports, des angles et des pentes.

Les auteurs des programmes n'ont jamais perdu de vue qu'il s'agissait, avant tout, de former le coup d'œil des élèves; ils savaient, aussi bien que personne, que, chez l'artiste, ce coup d'œil est tellement sûr et tellement rapide qu'il paraît presque inconscient. Pour l'amateur, c'est-à-dire pour celui qui ne sait pas au prix de quels laborieux et méthodiques efforts le véritable dessinateur est parvenu à acquérir une telle rapidité d'appréciation et une si grande précision d'exécution, il semble qu'il n'y ait là qu'un don naturel, et tel il voit dessiner un artiste qui, d'un seul coup d'œil, fait en quelque sorte la synthèse de son modèle, tel il voudrait faire dessiner un enfant qui commence. Autant vaudrait admettre, après avoir vu certains comptables faire d'un seul regard la somme de tous les chiffres contenus dans une longue colonne, que l'on peut apprendre aux enfants à faire une addition en leur plaçant plusieurs nombres sous les yeux, ne les y laissant qu'un instant et leur demandant immédiatement après d'en donner le total.

Ces deux premiers paragraphes n'ont de portée que si le professeur en soigne tout particulièrement la pédagogie; elle a été indiquée avec beaucoup de détails dans une conférence publiée dans le *Bulletin du musée pédagogique* [1]; elle est simple, d'ordre tout à fait primaire et très accessible aux instituteurs; quelques-uns d'entre eux y excellent et obtiennent des résultats qui sont absolument remarquables.

§ 3. MODÈLES RÉPONDANT À CETTE PREMIÈRE PARTIE.

Il n'y a pas de modèles officiels pour ces deux premiers paragraphes; il ne saurait y en avoir, puisque leur application consiste, surtout, en exercices méthodiques et variés, pour lesquels l'ingéniosité du maître, son ardeur et la discipline qu'il saura établir, entreront comme principaux facteurs.

[1] *Le dessin dans l'enseignement primaire* : Conférence faite le 6 août 1882 par J. Pillet, inspecteur de l'enseignement du dessin (Ch. Delagrave, éd.).

Avec les paragraphes 3 et 4, commencent les véritables exercices de dessin et les applications attrayantes. En écrivant : *Principes élémentaires du dessin d'ornement*, les auteurs du programme n'ont jamais pensé qu'il s'agirait de donner à des enfants de huit ou de neuf ans les principes de la composition décorative, ni même des notions sur les styles. De telles choses sont pour l'enseignement du dessin ce que la rhétorique est pour l'enseignement des lettres, c'est-à-dire un couronnement d'études. Ils ont voulu dire, seulement, que l'on profiterait du charme qu'apportent avec elles certaines combinaisons de lignes droites ou courbes, lorsqu'elles sont bien pondérées et bien équilibrées, lorsque la symétrie ou la répétition leur donnent le caractère *décoratif* et *ornemental*, pour rendre plus attrayants et plus fructueux les exercices déjà commencés comme application des deux premiers paragraphes.

En effet, lorsque les lignes se présentent sous forme d'arrangements plus ou moins compliqués, elles ont, pédagogiquement parlant, pour avantage de forcer l'élève à faire tout d'abord une étude de l'*ensemble* de son modèle, avant d'aborder l'analyse de ses détails; c'est là un point capital dans l'enseignement du dessin.

Or, si les combinaisons de lignes étaient quelconques et semblaient être le résultat du hasard, cette analyse de l'ensemble serait rendue très difficile et l'on ne saurait par où la commencer; de plus, la correction de l'élève par lui-même ne serait presque pas possible, parce que les repères lui échapperaient. Au contraire, lorsque les lignes constituent un ensemble décoratif, elles sont forcément groupées suivant un ordre déterminé. L'harmonie, qui est une conséquence de cet ordre apporté dans la composition, rend plus facile l'analyse de l'ensemble et fait que les fautes commises par l'élève, dans la copie de son modèle, lui sautent pour ainsi dire aux yeux, sans que le maître ait besoin d'insister longuement pour les lui faire reconnaître.

Mais on conçoit qu'il importe peu, pour des exercices de ce genre, que le motif choisi soit de tel ou tel style. Pour les premiers exercices, c'est-à-dire pour les plus élémentaires d'entre eux, le côté pédagogique doit même l'emporter absolument sur le côté décoratif pur.

§ 4. CARACTÈRES D'UN MODÈLE PRIMAIRE.

En effet, pour qu'un modèle soit *primaire*, il faut qu'il apporte avec lui sa correction; il faut qu'il ait été composé par le maître avec un parti pris, voulu, dans les proportions de ses divers éléments. Telle ligne sera rigoureusement la moitié ou le tiers de telle autre; telle droite aura une pente exactement chiffrable, un tiers, un quart, par exemple, de telle sorte que si l'élève se trompe, on pourra lui faire trouver et désigner ensuite par des nombres précis, indiscutables, les rapports qu'il aurait dû observer.

Or, si l'on ne veut recourir, comme modèles à deux dimensions, qu'à des ornements existants et consacrés par l'admiration générale, comme ces motifs n'ont pas été composés jadis avec cette préoccupation de simplification dans les rapports, qui doit caractériser un modèle élémentaire, on risquera fort de ne trouver ainsi aucun des modèles véritablement primaires. Et, de fait, dans les collections, très remarquables d'ailleurs, qui ont été publiées récemment en les composant avec les chefs-d'œuvre de l'art décoratif, il y a bien peu de modèles qui avaient le caractère primaire tel

que nous venons de le définir et qui puissent être donnés
à des commençants, bien peu dont les rapports des différentes parties soient suffisamment simples et commensu-
rables pour se prêter à une correction indiscutable.

§ 5. MODÈLES MURAUX COMPOSÉS PAR LES PROFESSEURS.

Aujourd'hui, les professeurs qui comprennent le mieux
les programmes composent eux-mêmes les premiers modèles répondant aux paragraphes 3 et 4. Ils les dessinent
en grand, soit au tableau noir, soit, mieux encore, sur de
grandes feuilles de papier. Ce sont là ce que l'on nomme
des *modèles muraux*. Ce n'est qu'à la fin de cette première
période de l'enseignement du dessein, qu'ils ont recours aux
riches collections de modèles muraux empruntés aux grandes
époques de l'art décoratif; ils ne les emploient qu'au moment
où le coup d'œil des élèves est assez affiné pour reproduire,
sans avoir à les mesurer à l'avance, les rapports les plus
complexes.

§ 6. COMMENT ON SE SERT DES MODÈLES MURAUX.

Les meilleurs résultats sont obtenus en opérant de la manière suivante : le professeur consacre au début de la séance
quelques minutes à faire une revision rapide de ce qu'il est
nécessaire que les élèves se rappellent pour bien profiter
de la leçon; après quoi, il place le modèle mural bien en vue
de tous. Il empêche, tout d'abord, les élèves de dessiner et
il fait, ou fait faire par l'un d'eux, l'analyse de l'ensemble; il
indique comment il faudra procéder et surtout comment il
faudra commencer. Il autorise alors les élèves à dessiner; il
dessine souvent au tableau en même temps que les élèves

sur leurs feuilles; il s'arrête dans son travail au tableau lorsque le dessin est bien mis en place. Il circule alors dans les rangs; il modère les uns, active les autres et empêche chacun de commettre de trop graves erreurs. La séance une fois terminée, il donne immédiatement la note de mérite, afin que la sanction suive de près l'exécution, car il a reconnu que l'émulation n'a lieu qu'à cette condition.

Telle est la marche suivie par les meilleurs maîtres pour une leçon collective bien donnée.

Quelques professeurs n'exécutent pas à l'avance le modèle et, par conséquent, ne le placent pas au début de la séance de dessin devant les yeux des élèves; pour eux, la leçon consiste à le dessiner complètement au tableau, et ce n'est qu'en suivant, trait par trait, leur maître que les élèves arrivent à terminer leur travail.

Les résultats obtenus de cette dernière manière sont, en général, très satisfaisants; au point de vue graphique pur, on obtient de bons dessins; néanmoins cette pédagogie est insuffisante, en ce sens qu'elle n'habitue jamais l'élève à analyser un ensemble; cela est facile à comprendre, puisque l'ensemble n'apparaît à ses yeux qu'une fois le dessin complètement terminé.

§ 7. ABSENCE DE MODÈLES OFFICIELS
POUR CETTE PREMIÈRE PARTIE DU PROGRAMME.

Il est donc entendu que, pour cette première partie des programmes, les meilleurs modèles sont les modèles muraux que les professeurs composent eux-mêmes. Néanmoins à cette période de l'enseignement répond la série A [1]. Mais les modèles qu'elle renferme n'ont rien d'impératif, et en ce qui

---

[1] Voir plus haut, page 22.

regarde leur emploi, le Ministère s'est toujours montré très libéral. En faisant dresser ces listes, il n'a jamais eu l'intention de proscrire l'usage des modèles qui ne s'y trouvaient pas indiqués; il a voulu seulement spécifier, par des exemples, la nature de ceux que les professeurs pourraient employer et l'esprit dans lequel ils devraient les choisir ou les composer.

En dernier ressort, sous la réserve par eux d'en référer au comité présidé par l'Inspecteur général, les inspecteurs de l'enseignement du dessin sont laissés juges d'autoriser l'emploi de tel ou tel modèle.

§ 8. MÉTHODES PUBLIÉES PAR LES ÉDITEURS.

Pour la partie primaire des programmes, beaucoup d'auteurs et d'éditeurs ont fait paraître, sous le nom de *méthodes* et avec des dénominations différentes, un très grand nombre d'ouvrages pour lesquels l'approbation officielle a été demandée. En général, ces méthodes se présentent sous forme de cahiers d'élèves; quelques-unes y joignent ce que l'on nomme un *livre du maître*.

En principe, l'Administration ne donne aucune approbation officielle; elle se contente de faire étudier les ouvrages par des comités spéciaux qui lui adressent des rapports.

Si le rapport est favorable, les inspecteurs acceptent les dessins inspirés par ces méthodes; sinon, lorsque l'occasion se présente, ils engagent les professeurs à ne pas se servir de ces modèles, parce qu'ils sont en désaccord avec la méthode implicitement contenue dans les programmes. Ces comités ont pris pour point de départ de leur jugement sur les méthodes les principes suivants, longuement discutés dans le conseil des inspecteurs:

§ 9. CAUSES D'ÉLIMINATION
DES OUVRAGES PRÉSENTÉS SOUS LE NOM DE MÉTHODES DE DESSIN.

1° Le dessin sur papier quadrillé est prohibé d'une manière absolue, quel que soit l'âge des enfants.

En effet, le papier quadrillé apprend à compter et non à dessiner, car il dispense l'élève d'avoir à faire des appréciations et des reproductions de rapports; c'est pour cela qu'il est en opposition formelle avec les programmes.

2° Les cahiers sur lesquels on trouve, d'un côté, le modèle, et de l'autre, la place voulue pour le copier, sont prohibés lorsqu'ils sont composés de telle sorte que la copie ait la même dimension que le modèle, ou bien encore ait une dimension qui soit exactement le double, le triple, ou plus généralement, qui soit dans un rapport simple et commensurable avec les siennes.

En effet, s'il en est ainsi, l'élève prendra les mesures du modèle avec une bande de papier et se contentera de les porter sur sa feuille de dessin, en leur gardant leur longueur, ou bien en la doublant ou en la triplant. Il n'aura donc pas à apprécier sur son modèle les rapports des parties les unes avec les autres; la méthode qu'il emploiera sera, par conséquent, en contradiction avec les programmes.

3° Si le cahier est combiné de telle sorte que les dimensions de la copie soient dans un rapport incommensurable avec le modèle qui est à côté, cet inconvénient est, en partie, évité et les cahiers peuvent, à la rigueur, être employés; néanmoins le véritable enseignement est celui dans lequel les élèves copient un grand modèle mural en se servant de papier libre, c'est-à-dire ne présentant ni ligne ni quadrillage.

4° Les modèles muraux, à deux dimensions, ne doivent jamais représenter un objet à trois dimensions, même géométralement.

En effet, au moment où les élèves dessinent des modèles muraux, ils ne connaissent rien des lois de la représentation des objets en relief. Il est très important de ne pas fausser leurs idées sur ce sujet. Les modèles muraux doivent être empruntés à la *plate-peinture*, c'est-à-dire à la décoration par lignes et par tons plats, sans apparence de reliefs ni d'ombres.

5° Dans les modèles graphiés, qui doivent être très peu nombreux d'ailleurs, composés pour initier les élèves à la représentation géométrale et à la représentation perspective des objets, on proscrira toutes celles qui utilisent la *perspective cavalière*, c'est-à-dire dans lesquelles les lignes qui devraient concourir à des points de fuite seront figurées parallèles entre elles.

En effet, la perspective cavalière (dite encore *projection oblique*, par opposition avec projection *orthogonale* ou *géométrale*), n'est pas bannie de l'enseignement, loin de là ; on l'autorise, en dessin géométrique, quand il s'agit de représenter des détails de construction ; elle rend alors de très grands services.

Mais, placée au début de l'enseignement du dessin, donnée comme moyen de représentation à de jeunes enfants qui n'ont pas encore appris à voir les objets en relief, elle a pour effet (l'expérience l'a prouvé) de les brouiller pour longtemps, sinon pour toujours, avec la véritable perspective, c'est-à-dire avec la représentation des objets dans leur apparence.

Nous tenions à donner ces explications afin de justifier les critiques faites à certains ouvrages, critiques dont les auteurs et les éditeurs se sont émus.

Il est très important que l'on sache que l'Administration n'a jamais posé qu'une seule question, la suivante, aux commissions chargés d'examiner les envois. Tel ouvrage est-il ou n'est-il pas en contradiction avec les programmes? Les commissions ont répondu par oui ou par non, en justifiant leur dire par les raisons que nous venons de donner. En dehors de cela, elles n'ont jamais émis d'avis sur la valeur pédagogique d'un ouvrage, sur les résultats que l'on en devrait obtenir, sur le goût qui avait présidé à son exécution, sur rien, en un mot, qui fût de nature à préjuger de son succès commercial.

§ 10. PÉDAGOGIE DE LA SECONDE PARTIE :
ÉTUDE ÉLÉMENTAIRE DES FIGURES À TROIS DIMENSIONS.

Nous venons, avec trop de détails peut-être, de nous étendre sur les quatre premiers paragraphes. Cela était nécessaire, car ils forment, en y joignant les deux suivants sur lesquels nous allons également donner quelques explications, le programme complet de la plupart des écoles primaires élémentaires.

Avec le paragraphe 5 commence l'étude des figures à trois dimensions. Ces débuts dans l'étude du relief sont très difficiles, et la pédagogie qui convient à cette période de l'enseignement, quoique préparée et tracée par la commission des programmes, n'a été véritablement fixée que par les efforts des maîtres. Cela était à prévoir et, en réalité, c'est aux professeurs, surtout à ceux des écoles normales, que l'on est redevable des progrès considérables de cette partie de l'enseignement.

§ 11. **Les solides en fil et les solides en plâtre.**

Il suffira de consulter à l'Exposition la plupart des cartons des écoles normales pour voir avec quelle sûreté de méthode s'enchaînent les exercices qui conduisent l'élève de la représentation *géométrale* du carré en fil de fer à la représentation *perspective* de ce même carré dans toutes les positions; on y verra qu'après le carré vient le cercle, puis ensuite le cube, le prisme, la pyramide, le cylindre et le cône; aux solides en fil, qui ont comme grand avantage de n'avoir aucune de leurs lignes masquées par une masse solide, succèdent les mêmes solides en plâtre; avec ceux-ci commence l'étude des effets de la lumière et de l'ombre; les élèves apprennent à observer et à rendre ces effets. Cela constitue *le rendu;* son étude doit être commencée de la manière suivante :

§ 12. **Premiers exercices de rendu.**

Quelques professeurs, d'une expérience consommée, font faire, pendant une sorte de période transitoire, des exercices, presque manuels, consistant à couvrir avec une teinte obtenue par un procédé quelconque (estompe, crayon, tortillon) des espaces limités de la feuille de papier. Ici ce sont des teintes plates très légères et très égales; ici des teintes plus foncées; là des teintes fondues.

Lorsque les élèves sont ainsi maîtres d'un procédé d'exécution, ils rendent, en général, avec une grande sûreté et une grande délicatesse, les effets qu'ils observent sur les solides de plâtre.

§ 13. MODÈLES PLAN SUR PLAN.

Après la série des solides géométriques vient celle des modèles dits *plan sur plan*. Ces modèles ont été composés en vue de la représentation géométrale et de la perspective d'observation, et non pas comme spécimens d'art décoratif.

Au point de vue pédagogique, ils ont les avantages suivants : leurs formes sont géométriques et leurs proportions sont simples, ce qui, pour les raisons que nous avons données plus haut, en font des modèles primaires; ils sont faciles à observer géométralement et perspectivement, à cause de la loi peu compliquée qui a présidé à leur composition; leurs lignes sont distribuées sur deux plans parallèles, très rapprochés l'un de l'autre; autrement dit, les faces en épaisseur ont une étendue très petite et qui est la même partout; par conséquent, une fois que les lignes du premier plan sont dessinées perspectivement, il devient très facile de mettre en place celles du second. Comme ils ne présentent pas de surfaces courbes, les effets d'ombre et de lumière y sont très simples et leur rendu se réduit, en général, à deux ou trois tons dont les valeurs sont faciles à distinguer, à comparer et à traduire.

§ 14. MODÈLES DE PLEIN RELIEF ET OBJETS USUELS.

Nous n'ajouterons qu'un mot relativement aux modèles en relief; nous le ferons d'autant plus volontiers, que cela contribuera peut-être à déraciner complètement une habitude mauvaise qu'ont encore quelques rares professeurs. Jamais, lorsque plusieurs élèves sont rangés autour d'un modèle, à des places fixes, on ne doit leur faire dessiner ce modèle géométralement; ce serait, en effet, leur demander de représenter un objet autrement qu'ils le voient; ni le relevé géométral ni le modelage ne peuvent s'exécuter ainsi. Chacun de ces genres de représentation a pour but de faire connaître un objet dans ses dimensions ou dans ses proportions vraies, et il est évident qu'en restant à une place fixe, les proportions sont changées par la perspective. Pour faire un relevé géométral ou pour faire un modelage, il est nécessaire de pouvoir s'approcher de l'objet, de tourner autour de lui ou de le faire tourner devant soi; il faut le mesurer; en un mot, on doit pouvoir l'analyser comme il est et non pas comme il paraît être.

Après l'étude des modèles *plan sur plan* vient, toujours avec le paragraphe 6, le dessin des objets usuels et avec lui se termine la partie tout à fait primaire de l'enseignement du dessin; c'est elle que tout instituteur primaire doit être capable d'enseigner, aussi bien et peut-être mieux qu'un artiste, car elle n'exige que de la méthode, de la discipline et du dévouement aux enfants, toutes qualités que possède au plus haut degré le personnel des écoles primaires.

§ 15. MODÈLES AYANT LE CARACTÈRE ARTISTIQUE.

Les autres paragraphes entrent de plus en plus, au fur et à mesure qu'ils s'élèvent, dans le domaine d'un enseignement artistique. A partir du paragraphe 10, et même un peu avant, il faut, pour les appliquer, un professeur spécial, un artiste. Leur pédagogie ne saurait, sans dépasser le cadre qui nous est imposé, être expliquée ici. D'ailleurs notre compétence ne va pas si loin et nous laisserons à des plumes plus autorisées que la nôtre le soin de le faire.

Ajoutons cependant, en ce qui concerne les modèles, que les programmes avaient prévu l'emploi, modéré il est vrai, de modèles graphiés. Quoique parfaitement résolue à prendre l'étude directe d'après les reliefs comme base des programmes, la Commission avait redouté les difficultés premières du rendu d'après le plâtre. Elle avait cherché dans les collections de divers éditeurs s'il ne se trouverait pas des modèles graphiés, exécutés d'après les reliefs de la liste officielle, qui seraient dessinés avec assez de sincérité et de simplicité pour pouvoir être donnés comme exemples aux élèves et, au besoin, être copiés par eux. Ces modèles existaient et elle en a fait un choix[1]. Or il s'est trouvé que ces modèles graphiés ont très peu servi. Aujourd'hui, presque tous les professeurs les laissent dans les cartons après avoir constaté qu'ils n'intéressent pas les élèves; avec eux, l'émulation qui résulte d'un concours permanent n'existe plus[2]. Lorsque le plâtre est là, bien éclairé, rayonnant pour ainsi dire dans sa beauté, il captive les élèves et le froid modèle graphié n'a plus de charme pour eux.

[1] Voir plus haut, p. 22, 23 : Collections de modèles.
[2] Voir plus loin, chapitre IV : Discipline pédagogique.

CHAPITRE III.
ENSEIGNEMENT DU DESSIN GÉOMÉTRIQUE.

I
LES PROGRAMMES ET LES MODÈLES.

§ 1. PROGRAMME GÉNÉRAL.

Le programme général de l'enseignement du dessin géométrique comprend, lui aussi, dix-sept paragraphes se répartissant dans quatre grandes subdivisions. En voici le texte :

PREMIÈRE PARTIE.
Étude des figures à deux dimensions.

1. Emploi des instruments pour le tracé des lignes droites, des circonférences et des polygones ; emploi de la règle, du compas, des équerres et du rapporteur.

2. Exécution, avec les instruments, de dessins géométriques dans lesquels n'entreront que des lignes droites et reproduisant des motifs simples de décoration de surfaces planes : carrelages, parquetages. Lavis à l'encre de Chine et à la couleur de quelques-uns de ces dessins.

3. Exécution, avec les instruments, de dessins géométriques dans lesquels entreront des lignes droites et des circonférences. Lavis à l'encre de Chine et à la couleur de quelques-uns de ces dessins [1].

---

[1] C'est par erreur que, dans quelques programmes spéciaux, on a substitué à cette phrase les mots : *«Principes du lavis à teintes plates»*. Le lavis à teintes plates a pour but de rendre, par des teintes superposées, le modelé des objets. Il ne vient donc qu'aux paragraphes 7 et 10.

3 *bis.* Courbes usuelles : ellipse, hyperbole, parabole, anses de panier, spirales, volutes. Pour les jeunes filles : application aux broderies, dentelles, tapisseries.

DEUXIÈME PARTIE.

Étude élémentaire des figures à trois dimensions.

4. Relevé, avec cotes, et représentation géométrale, au trait, à une échelle déterminée, de solides géométriques et d'objets très simples : assemblages de charpente, voussoirs, meubles, etc...

4 *bis.* (Jeunes filles). Modèles de coupes de vêtements.

5. Notions sur la ligne droite, sur le plan et sur les projections.

6. Projections de solides géométriques et d'objets usuels simples. Déplacement de ces objets et de ces solides parallèlement aux plans de projection.

7. Notions pratiques sur le lavis des surfaces planes, des surfaces polyédriques et des surfaces courbes les plus simples.

TROISIÈME PARTIE.

Étude élémentaire de l'architecture, des ombres et du rendu d'architecture.

8. Éléments du dessin d'architecture. Les murs et les moulures. Notions sur la construction des édifices.

9. Ensemble et détails de l'ordre dorique.

10. Ombres usuelles (à 45°) et pratique raisonnée du lavis. Ombres propres, ombres portées. Lavis des surfaces de révolution les plus simples. Lavis des principales moulures.

11. Dessin et lavis d'architecture. Ensemble et détails de l'ordre ionique.

12. Ensemble et détails de l'ordre corinthien.

TROISIÈME PARTIE (*bis*).

Étude élémentaire de la mécanique, du dessin et du lavis de machines.

13. Relevé, avec cotes, des organes de machines les plus simples, et leur représentation à une échelle déterminée. Quelques-uns de ces dessins seront ombrés et lavés.

QUATRIÈME PARTIE.

Études complémentaires et applications des études précédentes.

14. Notions de perspective linéaire.

15. Complément de la théorie des ombres et du lavis; surfaces annulaires, surfaces hélicoïdales.

16. Topographie. Copie et réduction des cartes et des plans topographiques. Lavis des plans et des cartes.

17. Dessin de bâtiment. Relevé avec cotes d'un édifice et des principaux détails de sa construction.

17 *bis*. Dessin de machines. Relevé, avec cotes, d'une machine et des principaux détails de sa construction.

§ 2. PROGRAMMES SPÉCIAUX AUX ÉTABLISSEMENTS SCOLAIRES.

La répartition des paragraphes, suivant les établissements scolaires, est arrivée, peu à peu, à se faire de la manière suivante :

I. ÉCOLES PRIMAIRES.

Cours supérieur. Néant. Quelques notions sur l'emploi des instruments sont données au tableau.

Cours moyen, § 1 et 2.

Cours supérieur, § 1, 2, 3 et 4.

Cours complémentaires, § 4, 5, 6, 8 et 9. — *Écoles primaires supérieures*, § 4, 5, 6, 7, 8, 9, 10, 11, 12, 13, 14, 15, 16, 17 et 17 *bis*.

II. ÉCOLES NORMALES.

Première année, § 1, 2, 3 et 4.

Deuxième année, § 5, 6, 7, 8, 9, 11 et 12.

Troisième année, § 13, 14, 16, 17 et 17 *bis*.

NOTA. On remarquera que les paragraphes relatifs aux ombres et aux lavis ne sont pas imposés aux écoles normales.

III. Lycées et collèges. Enseignement secondaire spécial.

Première année, § 1 et 2.

Deuxième année, § 2, 3 et 4.

Troisième année, § 3, 4, 5, 6, 7 et 8.

Quatrième année, § 8, 9, 10 et 13.

Cinquième année, § 11, 13, 14, 16, 17 et 17 *bis.*

Sixième année, § 12, 14, 15, 16, 17 et 17 *bis.*

IV. Lycées et collèges. Enseignement secondaire classique.

Mathématiques préparatoires. — Comme la 2ᵉ année d'enseignement spécial.

Mathématiques élémentaires. — Comme la 3ᵉ année d'enseignement spécial, pour les nouveaux, et comme la 4ᵉ année, pour les vétérans.

Nota. La préparation aux écoles du Gouvernement se fait selon les exigences des examens d'admission.

§ 3. modèles.

Les séries de modèles pour le dessin géométrique ne sont pas, il s'en faut, aussi riches que pour le dessin d'imitation. Il faut reconnaître qu'elles n'ont pas besoin de l'être ; néanmoins celles que l'Administration a fait composer présentent quelques lacunes que nous indiquerons plus loin.

II

DÉVELOPPEMENTS PÉDAGOGIQUES.

***

§ 1. pédagogie de la première partie : étude des figures à deux dimensions.

La première partie (étude des figures à deux dimensions) est, en général, fournie de modèles par les professeurs, sans le secours de l'Administration. Ils les composent eux-mêmes ou les empruntent à des ouvrages d'art décoratif, tels que *la grammaire de l'ornement, l'art arabe, l'art pour tous*, etc... Souvent les figures qui sont dans les prospectus des fabriques de carrelages céramiques, de vitraux, de parquets en bois, de serrurerie artistique, etc., sont mis à contribution par les maîtres les plus ingénieux.

Les plus expérimentés et les plus prévoyants préparent à l'avance des modèles muraux sur de grandes feuilles de papier qu'ils conservent ensuite; de cette façon, au bout de quelques années, ces professeurs ont une collection toute personnelle qui leur permet, sans efforts exagérés, de donner à leurs élèves un enseignement très vivant et absolument collectif.

§ 2. PÉDAGOGIE DE LA DEUXIÈME PARTIE :
ÉTUDE DES FIGURES À TROIS DIMENSIONS.

Le modèle graphié individuel a disparu presque complètement pour faire place au modèle mural et au modèle en relief qui, seuls, permettent un enseignement collectif.

La seconde partie (étude des figures à trois dimensions) nécessite des modèles en relief. Les séries B, C, D, E du dessin d'imitation en fournissent déjà un grand nombre. Tels sont :

Les cinq solides géométriques en fil et en zinc.
Les modèles plan sur plan.
Les assemblages de charpente et de menuiserie.
Les denticules.
Les perles.
Le piédestal.
La partie d'ante.

On trouve aussi à utiliser, pour le dessin géométrique, dans cette collection, les vases et les trois ordres d'architecture, dorique, ionique et corinthien.

§ 3. DESSIN D'ARCHITECTURE.

Néanmoins il faut reconnaître qu'il y a beaucoup de professeurs de dessin géométrique qui ne songent pas à utiliser ces modèles qu'ils ont pourtant sous la main. Pour l'architecture, en particulier, ils se croient obligés de suivre ce que l'on nomme, à tort, un *Vignole*, et comme les modèles de la collection ont des proportions qui ne concordent pas complètement avec celles qui se trouvent indiquées dans le *Vignole* qu'ils possèdent, ils en concluent, un peu légèrement, que ces modèles ne sont pas faits pour le dessin géométrique. C'est une erreur; ils y conviennent, au contraire, merveilleusement, et ils doivent servir à faire et à faire faire par les élèves des relevés géométraux, des études d'ombres, des études de lavis et de perspective.

§ 4. DESSIN DES OBJETS USUELS.

Les objets usuels prévus dans les programmes ne manquent nulle part. L'Administration a dressé une liste de 25 objets usuels, pouvant servir de sujet pour un croquis aux épreuves du brevet d'instituteur [1]. Ce sont ces objets que la plupart des professeurs emploient pour les premières études de relevé géométral. On conçoit facilement que l'Administration

---

[1] Voici la liste de ces 25 objets usuels : petit banc (en bois), tabouret de pied, tabouret (siège) en bois, marchepied en bois, escabeau, seau (en bois), baquet (en bois), caisse à fleurs carrée ou ronde (en bois), pupitre de musicien, baril (défoncé), boisseau (double décalitre), tiroir de table, coffre à bois, guéridon (très simple), petite table carrée (sans le tiroir), tréteau, auge de maçon, boîte à sel ou à épices, boulier compteur, table de presse à copier, chevalet à scier le bois, chargeoir (pour le bois), porte-selle (pour écurie), double litre, poids en fonte (de 5 kilogrammes au moins).

des beaux-arts ait regardé à avoir chez elle un dépôt de modèles de ce genre, dont le caractère artistique serait fort discutable. D'ailleurs les frais d'envoi eussent été supérieurs aux prix d'achat sur place. Il a suffi de publier cette liste pour que les établissements soucieux de bien faire achetassent une partie et même la totalité de ces modèles.

§ 5. ENSEIGNEMENT DES OMBRES ET DU LAVIS.

Les ombres et le lavis s'enseignent théoriquement à l'aide d'épures et de croquis exécutés au tableau. Les solides et les fragments d'architecture qui figurent dans la collection du dessin d'imitation sont d'un grand secours, entre les mains des maîtres habiles, pour faire comprendre aux élèves les effets de la lumière et de l'ombre. Si tous les professeurs de dessin géométrique consentaient à s'en servir régulièrement; si, lorsqu'ils font exécuter un lavis, ils plaçaient le modèle en plâtre sous les yeux des élèves, ils obtiendraient, au lieu des juxtapositions de blanc, de gris et de noir, qui semblent placées par hasard, des effets de lumière, d'ombre et de modelé, se rapprochant davantage de la réalité.

En général, il faut l'avouer, les lavis, surtout ceux d'architecture, laissent à désirer; cela tient à ce que l'enseignement de cette partie des programmes consiste, presque partout, à faire des conventions plus ou moins justifiées et à donner des procédés d'exécution plus ou moins commodes; généralement cet enseignement n'est pas basé sur l'observation. Il en sera toujours ainsi tant que les professeurs de dessin géométrique n'auront pas à leur actif des études antérieures sérieuses de dessin d'après la bosse.

§ 6. DESSIN DE MACHINES.

La mécanique est peut-être la seule partie du programme pour laquelle de bons modèles en relief fassent défaut. Quelques professeurs empruntent des pièces aux collections de physique; ils les font relever et dessiner par les élèves. Cela est bon, mais ne permet pas de constituer un enseignement de dessin de machines comme il faudrait, par ce temps de lutte industrielle, le donner à tous les élèves des écoles normales, et surtout à ceux des écoles primaires supérieures et de l'enseignement secondaire spécial.

Il nous semblerait indispensable de créer une série officielle dans laquelle apparaîtraient les principaux organes de machines, avec les formes qui sont les plus récentes et qui ont été consacrées par l'expérience.

Il ne suffit pas, pour une école, de posséder des pièces quelconques, hors d'usage, que des industriels obligeants auront bien voulu lui donner. Cela vaut certainement mieux que rien et, surtout, mieux que les images grossièrement coloriées qui ont eu cours pendant si longtemps; sur ces pièces de rebut, les élèves peuvent s'exercer à faire des relevés de machines, mais ils n'apprennent pas la mécanique pratique.

Pour porter tous ses fruits, le dessin de machine doit s'enseigner avec des modèles en relief, constituant une série méthodique et complète, quoique simple. Tous les bons traités de construction de machines et de cinématique donnent des classifications et des descriptions d'organes de machines; on pourrait y puiser des renseignements utiles et l'Administration pourrait ouvrir un concours, auprès des principaux constructeurs, pour la création d'une série d'organes de machines destinée à l'enseignement.

CHAPITRE IV.

DISCIPLINE PÉDAGOGIQUE.

§ 1. COLLECTIVITÉ DE L'ENSEIGNEMENT.

Les progrès considérables accomplis depuis dix ans dans l'enseignement du dessin sont dus, pour la plus grande partie, à la méthode suivie, et, pour le reste, à la discipline pédagogique observée par les professeurs, discipline qui, dans presque toutes les écoles normales, est réglée d'une manière admirable. Nous allons en quelques mots l'expliquer au lecteur.

L'enseignement est absolument collectif, c'est-à-dire que, dans une même classe, tous les élèves dessinent d'après le même modèle, si c'est un dessin d'imitation, ou d'après le même croquis au tableau, ou le même objet, si c'est un dessin géométrique.

§ 2. CONCOURS PERMANENTS.

Les élèves procèdent par concours permanents, ce qui veut dire que chaque dessin est exécuté par eux dans un temps limité, le même pour tous, indiqué à l'avance, et que chaque exercice de ce genre est sanctionné par des notes et par un classement.

Les bons professeurs s'imposent de donner ces notes immédiatement après la remise des dessins. Dans quelques écoles, les élèves sont, à certains moments, organisés en des sortes de jurys, et ce sont eux qui donnent les notes, mais en les justifiant, c'est-à-dire en faisant la correction à haute voix. C'est là un exercice pédagogique excellent.

§ 3. REGISTRES DES NOTES, CLASSEMENT DES ÉLÈVES.

Toutes les notes sont reportées sur des registres spéciaux. Quelques-unes, celles des compositions de la fin de chaque trimestre, sont multipliées par des coefficients plus ou moins élevés, suivant l'importance que l'on veut leur attribuer, et le classement de fin d'année s'obtient en faisant les totaux de toutes ces notes et en les comparant entre eux. De cette façon, tous les travaux comptent pour le classement de fin d'année et il en résulte une constance et une intensité de travail considérables.

Tous les dessins sont conservés, avec leur ordre de classement, dans des dossiers, de manière à pouvoir être présentés aux inspecteurs; ils ne sont rendus aux élèves qu'à la fin de l'année.

§ 4. CONSTITUTION, DANS CHAQUE ÉTABLISSEMENT, DES ARCHIVES DE L'ENSEIGNEMENT DU DESSIN.

Dans quelques établissements on a pris l'habitude de détacher un dessin de chacun des concours dont il vient d'être question. Ces spécimens sont groupés dans l'ordre où ils ont été faits et forment autant de dossiers partiels qu'il y a de classes. Sur la couverture de chacun de ces dossiers, le professeur rédige une notice succincte, dans laquelle il résume son enseignement de l'année et indique ses projets de réforme pour l'année à venir. Le tout est relié en un album, et c'est ainsi que, peu à peu, se constituent, dans chaque école, les archives de l'enseignement du dessin.

Cette mesure est excellente et devrait être généralisée partout pour les raisons suivantes :

1° Elle permet aux inspecteurs, dont les tournées ont lieu, en général, dans le mois de mars, de juger de l'ensemble complet de l'enseignement et de rattacher une année avec la précédente; autrement, ils ne voient jamais que les dessins exécutés au début de l'année, et les plus intéressants, ceux de la fin, leur échappent;

2° Si le maître vient à changer, ce qui arrive souvent, son successeur trouve des traces irrécusables de son enseignement et, par cela même, est moins entraîné à bouleverser ce qui se faisait avant lui;

3° Enfin le professeur, obligé de résumer chaque année sa manière d'enseigner dans un travail écrit dont les pièces justificatives sont fournies par lui-même sous forme de dessins d'élèves, prend l'habitude de préparer son plan d'études; il ne livre plus rien au hasard; les leçons qu'il fait, les modèles qu'il propose chaque semaine, tout est prévu dès la rentrée des classes, et son enseignement va constamment en se fortifiant.

CHAPITRE V.

SALLES ET MATÉRIEL.

§ 1. SALLES DE DESSIN GÉOMÉTRIQUE.

Nous résumerons brièvement les conditions matérielles que doivent, de l'avis des inspecteurs, remplir les salles et le mobilier spécial au dessin.

Nous ne dirons rien des salles de dessin géométrique; il suffit qu'elles soient très bien éclairées, par un jour orienté d'une manière quelconque, et qu'il y ait des tables spacieuses sur lesquelles les élèves soient à l'aise pour dessiner. On devra placer sur les murs de nombreux tableaux noirs; un emplacement avec des bancs, formant comme un petit amphithéâtre, sera ménagé dans la salle pour les leçons collectives au tableau.

§ 2. SALLES DE DESSIN D'IMITATION; CONDITIONS À REMPLIR.

Nous allons entrer dans plus de détails relativement aux salles de dessin d'imitation.

La meilleure salle de dessin d'imitation est celle qui se rapproche le plus d'un atelier de peintre. Elle aura 5 mètres de hauteur au moins. Elle sera éclairée par une grande baie, unique, munie d'un vitrage vertical qui commencera à deux mètres du sol, présentera une partie verticale de 3 mètres et, si la salle est à l'étage supérieur de l'édifice, prendra 1 mètre (pas plus) dans la partie inférieure de la toiture, mais le tout sans discontinuité. Cette

baie ne présentera ni meneaux épais ni traverses horizontales en bois qui coupent le jour et le diffusent. Les vitres
y seront maintenues par des petits fers aussi minces que
possible.

Le jour viendra du nord ou, à la rigueur, de l'ouest,
si les classes ont lieu le matin, comme cela est l'habitude.

Un éclairage astral, c'est-à-dire obtenu par un vitrage
dans le plafond ou dans le milieu de la toiture, est très
mauvais. On y reçoit constamment le soleil et, les jours
de neige, l'obscurité est complète dans la salle.

Le vitrage vertical, indiqué ci-dessus, n'occupera en
largeur que les trois cinquièmes environ de la dimension
de la salle en façade.

Si la salle est très longue, on pourra la décomposer en
travées de 5 mètres de largeur au moins, chacune d'elles
possédant une baie unique et constituant un atelier partiel.
Dans ce cas, des rideaux transversaux, placés dans les axes
des trumeaux, rendront ces ateliers indépendants les uns
des autres au point de vue du jour, sans empêcher néanmoins la surveillance, car ces rideaux pourront ne descendre qu'à deux mètres du sol, deux mètres étant la
hauteur de l'appui des fenêtres.

Les murs, les rideaux, le matériel, recevront un même
ton de peinture uniforme, ni trop clair ni trop sombre.
Le gris ou le brun d'atelier conviennent parfaitement, à la
condition que le ton soit mat et sans reflets. Toute décoration, telle que frises tracées à la hauteur de l'œil, portes
et meubles peints d'un autre ton que les murs, etc., est
non seulement inutile, mais encore nuisible, parce qu'elle
distrait le regard et le conduit où il ne devrait pas aller;
cela gêne l'élève dans le travail d'observation qu'il doit

faire pour dessiner. En principe, tout l'intérêt de la salle doit être concentré sur le modèle qui pose et rien-que sur lui, et tout doit être calculé pour cela, la peinture, l'éclairage, le mobilier.

Le modèle est placé au centre de la paroi de la salle qui fait face au jour et les élèves sont groupés sur deux ou trois rangs, au plus, autour de lui. Ils ne doivent pas former un demi-cercle complet. Le premier rang doit se trouver, au minimum, à une distance du modèle égale à deux fois et demi la plus grande dimension de ce modèle. Les élèves du deuxième rang doivent avoir les yeux placés à 12 centimètres environ au-dessus de ceux des élèves du premier rang. On obtient ce résultat soit en surhaussant, en partie, le sol par des gradins, soit en adoptant deux et même trois hauteurs pour les tabourets des élèves ainsi que pour les supports, de quelque nature qu'ils soient, qui servent à appuyer les cartons.

§ 3. MATÉRIEL DE DESSIN D'IMITATION.

Comme matériel complémentaire, chaque salle ou atelier de dessin doit posséder :

1° Un support solide (selle), pour placer le modèle, avec des caisses mobiles pour régler sa hauteur;

2° Un tableau noir, mobile, afin de permettre au professeur de faire des croquis explicatifs;

3° Une table pour le professeur;

4° Une armoire de professeur, avec un grand nombre de tablettes horizontales mobiles permettant le rangement facile du papier, des fournitures et surtout des dossiers de dessin dont il a été question plus haut; ces dossiers arrivent à former, à la fin de l'année, une collection considérable;

5° Des casiers pour serrer les cartons des élèves. Ces casiers formeront comme une sorte de bibliothèque présentant autant de compartiments qu'il y a de classes. On la disposera, de préférence, sur la paroi de la fenêtre au-dessous du vitrage et entre les faces d'ébrasement. De cette manière, les élèves ne l'auront pas sous les yeux en dessinant.

§ 4. DÉPÔTS DE MODÈLES.

Les modèles seront déposés dans une salle à part; jamais ils ne doivent être exposés en permanence dans la salle de dessin; celle-ci, au moment de la leçon, ne doit en contenir qu'un seul, c'est celui qui pose. Aussitôt après la leçon, il doit être épousseté avec soin et remis à sa place, dans le dépôt des modèles.

Dans ce dépôt, les modèles doivent être rangés suivant l'ordre pédagogique des séries, à moins toutefois que ce dépôt ne soit considéré comme un petit musée d'art ouvert, à certaines heures, aux élèves; dans ce dernier cas, l'ordre pédagogique sera, dans une certaine mesure, sacrifié à l'effet décoratif. Néanmoins les modèles devront être bien à l'abri de la poussière et être placés à des hauteurs suffisamment petites pour qu'ils puissent être pris sans le secours d'échelles. En un mot, les modèles ne sont pas des objets de parade, et tout doit être combiné pour que l'on puisse les manier facilement, les faire servir aux leçons et assurer leur conservation. Les professeurs en sont responsables.

§ 5. POURQUOI LES MODÈLES NE DOIVENT PAS ÊTRE PLACÉS, EN DÉPÔT, DANS LES SALLES DE DESSIN.

On sera peut-être étonné de voir les modèles proscrits de la salle de dessin. Pour beaucoup d'esprits élevés, ils devraient en faire le principal et même l'unique ornement. Ces modèles sont très beaux; on les a empruntés aux plus brillantes époques de l'art; il faut donc, dit-on, les placer en permanence sous les yeux des élèves et faire en quelque sorte que leur esprit s'en imprègne : C'est ainsi que l'on formera le goût et le sentiment esthétique des jeunes gens.

A cela les inspecteurs et presque tous les directeurs d'école répondent :

L'expérience a prouvé que les élèves ne regardent pas, comme on se l'imagine, ce qui se trouve sur les murs d'une salle : d'une manière générale, cette profusion d'objets exposés sous leurs yeux lasse leur attention au lieu de l'exciter ; loin d'entraîner leur admiration, cette exposition engendre chez eux la satiété et le dédain pour des choses qu'ils voient constamment : l'attrait de la nouveauté n'existe plus pour eux.

En l'espèce, les modèles sont très mal placés dans la salle de dessin : ils s'y couvrent de poussière ; ils sont maculés et brisés par les élèves qui finissent par les considérer comme des meubles qu'ils ont le droit, et presque le devoir, de ne pas respecter.

Au point de vue pédagogique, le professeur dont les élèves vivent au milieu des modèles n'est plus maître de son enseignement : tel buste ou tel ornement plaît ou déplaît par avance: les élèves s'entendent pour se refuser à le dessiner, ou, s'ils sont contraints de le faire, ce sera sans aucun entrain.

En ce qui touche l'éducation esthétique des élèves, nous ajouterons qu'elle se fera bien mieux dans les conditions que nous indiquons. En effet, tous les modèles de la collection sont destinés à être dessinés, c'est-à-dire à être observés et analysés par les élèves pendant plusieurs heures consécutives. Cela vaudra bien, nous l'imaginons, les regards distraits jetés de temps en temps sur des objets accrochés au mur.

Que l'on se figure la salle de dessin telle que nous l'avons décrite, avec ses fonds un peu sombres et monotones, mais recevant une lumière franche et abondante qui n'aveugle pas les élèves, car elle leur arrive de dos ou de côté. Ces derniers sont rangés en cercle, chacun à leur place : rien ne les distrait. Un certain inconnu plane sur eux, car ils attendent le modèle qu'ils vont avoir à dessiner et qu'ils ne connaissent pas. Le professeur l'apporte; il le place sur la selle; il le fait apparaître dans tout l'éclat que lui donne l'admirable blancheur du plâtre immaculé; il le présente au jour et il cherche avec les élèves l'orientation et l'éclairage qui en feront le mieux ressortir la beauté. Tel est le spectacle que nous avons vu donner avec une certaine solennité, voulue d'ailleurs, par des professeurs qui, nous n'avons pas besoin de le dire, étaient des artistes; nous pouvons affirmer qu'il impressionnait vivement les élèves et qu'il valait pour eux tous les discours que l'on aurait pu leur faire sur les caractères de la beauté et sur ses causes.

CHAPITRE VI.

RECRUTEMENT DES PROFESSEURS.

---

§ 1. EXAMENS POUR LE PROFESSORAT.

Les certificats pour le certificat d'aptitude à l'enseignement du dessin sont au nombre de trois. Ils se rapportent tous au dessin d'imitation; il n'en existe pas pour le dessin géométrique. À notre avis, c'est une lacune au sujet de laquelle nous émettrons un peu plus loin notre avis. Le premier certificat est destiné aux professeurs des écoles normales et des écoles primaires supérieures; les deux autres s'adressent aux professeurs des lycées et des collèges.

Nous allons donner un extrait des programmes relatifs aux examens du professorat :

§ 2. ENSEIGNEMENT PRIMAIRE.

Certificat d'aptitude à l'enseignement du dessin dans les écoles normales et dans les écoles primaires supérieures.

ART. 203. L'examen se compose de trois séries d'épreuves, savoir :
1ᵒ D'une épreuve écrite et d'épreuves graphiques;
2ᵒ D'épreuves orales;
3ᵒ D'épreuves pédagogiques.

ART. 204. L'épreuve écrite et les épreuves graphiques sont éliminatoires. Ces épreuves comprennent :
1ᵒ Le relevé géométral et la mise en perspective d'un objet simple, tel que solide géométrique, fragment d'architecture, vase simple, etc. (Durée de l'épreuve, 4 heures);

2° Une rédaction d'un genre simple (Durée de l'épreuve, 2 heures);

3° Le dessin à vue d'un ornement en relief : rinceau, rosace, chapiteau (Durée de l'épreuve, 4 heures);

4° Le dessin à vue d'une tête d'après l'antique (Durée de l'épreuve, 4 heures).

Art. 205. Les épreuves orales sont également éliminatoires. Elles comprennent :

1° Un examen sur les projections en général, sur la représentation géométrale et sur la mise en perspective d'un objet simple;

2° Des questions élémentaires sur l'histoire de l'art, avec dessin au tableau;

3° Des questions sur la structure et les proportions de l'homme ainsi que sur l'anatomie.

Art. 206. Les épreuves pédagogiques comprennent :

1° La correction d'un dessin d'ornement;

2° La correction d'un dessin de tête;

3° Une leçon au tableau, sur un sujet emprunté au programme de dessin géométrique dans les écoles normales ou primaires supérieures (Durée de l'épreuve 20 minutes). Il est accordé, pour la préparation de la leçon, 20 minutes.

§ 3. ENSEIGNEMENT SECONDAIRE.

Certificats d'aptitude à l'enseignement du dessin dans les lycées et collèges.

I. — CERTIFICAT DU PREMIER DEGRÉ.

1° *Épreuves graphiques.*

I. Mise en perspective d'un objet simple, tel que solide géométrique, fragment d'architecture, vase simple, balustre, etc.

Le candidat est tenu de donner sur la même feuille :

1° Un dessin ombré de l'objet placé devant lui;

2° Un plan, une élévation et, s'il y a lieu, une coupe du même objet.

II. Dessin d'un ornement en relief: rinceau, rosace ou chapiteau.

III. Dessin d'une figure d'après l'antique (plâtre).
Ces épreuves sont éliminatoires.

2° *Épreuves orales.*

Explications orales sur la représentation géométrale et sur la mise en perspective d'un objet simple : tabouret, table, piédestal, moulure, vase, etc. Questions sur les ombres.

Dessiner au tableau un fragment d'architecture (Explications orales).

Dessiner au tableau et expliquer sommairement la structure et les proportions de l'homme.

3° *Épreuves pédagogiques.*

Correction d'un dessin de perspective, d'un dessin d'ornement et d'un dessin de figure; explications orales sous forme de leçons.

II. — CERTIFICAT DU DEGRÉ SUPÉRIEUR.
1° *Épreuves graphiques.*

I. Mise en perspective d'un objet, tel que objet usuel, fragment d'architecture, vase orné, chapiteau, etc.

II. Dessin d'une figure d'après l'antique. (Ces deux épreuves sont éliminatoires.)

III. Dessin d'un ornement en relief.

IV. Dessin d'une figure entière d'après nature.

V. Dessin d'une tête d'après nature et de grandeur naturelle.

VI. Épreuve d'anatomie.

2° *Épreuves orales.*

I. Explications orales sur la représentation géométrale et sur la mise en perspective d'un objet simple : tabouret, table, piédestal, moulure, etc. Questions sur les ombres.

II. Dessiner au tableau un fragment d'architecture. Explications orales.

III. Dessiner au tableau et expliquer sommairement la structure et les proportions de l'homme.

3° *Épreuves pédagogiques.*

I. Correction d'un dessin de perspective.
II. Correction d'un dessin d'ornement.
III. Correction d'un dessin de figure.

Dans ces trois corrections, qui devront affecter la forme de leçons, le candidat sera tenu de répondre aux diverses questions des membres du jury, sur la perspective, l'ornement et l'anatomie.

Au texte des programmes d'examen, l'Administration a joint, sous le titre de *programmes-annexes*, un développement qui permet aux candidats de connaître la nature des questions qui pourraient leur être posées, sur le relevé géométral, sur la perspective, sur les ombres, sur l'anatomie et sur l'histoire de l'art, et qui donne des éclaircissements sur la marche à suivre pour les épreuves pédagogiques [1].

§ 4. PRÉPARATION AUX EXAMENS DU PROFESSORAT.

A Paris, les candidats aux examens du professorat sont, en général, pour les hommes, d'anciens élèves de l'école des beaux-arts ou de l'école des arts décoratifs et, pour les femmes, des élèves de l'école nationale de dessin, des écoles subventionnées de la ville de Paris, ou des écoles professionnelles.

Une école normale spéciale pour le professorat de dessin a été créée par M. Guérin et elle a préparé, elle aussi, un grand nombre d'élèves, hommes et femmes, qui ont réussi aux examens.

[1] Voir Mémoires et documents scolaires publiés par le musée pédagogique. fascicule n° 35. Note de M. Keller. Hachette et Delagrave, éditeurs.

En province, quelques écoles régionales ou municipales de beaux-arts ont une section normale spécialement affectée à la préparation aux examens.

Néanmoins il faut reconnaître que, pour les candidats de province, cette préparation est beaucoup plus difficile que pour ceux de Paris; pour les personnes qui habitent des petites villes, où il n'y a pas d'artiste susceptible de diriger leurs études de dessin de figure, elle est presque impossible.

Les sections normales qui ont eu lieu chaque année à Paris, de 1882 à 1888, ont, ainsi que nous l'avons dit plus haut, facilité beaucoup la préparation aux candidats de province, surtout en les éclairant sur les conditions de l'examen.

§ 5. PRÉPARATION DES INSTITUTEURS À L'ENSEIGNEMENT PRIMAIRE DU DESSIN.

Nous dirons quelques mots relativement à des efforts très sérieux, quoique très peu connus, qui ont été tentés en province pour propager chez les instituteurs les méthodes nouvelles d'enseignement et pour leur en indiquer la pédagogie.

Les programmes venaient d'être publiés et la seconde inspection générale était à peine faite (il faut dire qu'elle eut un peu le caractère d'un apostolat), qu'un imposant mouvement d'opinion se fit, surtout dans le personnel primaire, relativement à l'enseignement du dessin. On comprit partout que, grâce à la précision des méthodes nouvelles et à leur caractère un peu scientifique, cet enseignement, du moins dans sa partie primaire, n'était plus l'apanage exclusif des artistes et que les instituteurs pouvaient et devaient le donner eux-mêmes. Les inspecteurs d'Académie dirigèrent et encouragèrent ce mouvement; plusieurs d'entre eux n'hésitèrent pas à publier dans les bulletins départementaux de l'instruction primaire des articles sur l'application de la méthode[1]; ils ouvrirent des concours entre les instituteurs, et bien souvent la question de l'enseignement du dessin fit l'objet de conférences ou de mémoires[2].

Mais cela ne suffisait pas; c'est pourquoi, dans beaucoup de départements, et souvent même au chef-lieu de tous les rrondissements, les inspecteurs d'Académie instituèrent des cours du dimanche ou du jeudi dirigés par les professeurs de dessin des collèges ou des écoles normales et ils convièrent à ces cours les instituteurs et les institutrices des environs.

Nous avons assisté, dans l'Est, à des réunions de ce genre où nous avons vu plus de 40 personnes, instituteurs et institutrices, laïques ou congréganistes, venus souvent de 30 kilomètres à la ronde.

En général, chaque séance se divisait en deux parties : dans la première, on faisait dessiner les assistants; dans la seconde, on leur expliquait la méthode, on leur indiquait le sujet des leçons qu'ils feraient bien de donner à leurs élèves pendant la semaine qui allait suivre, et l'on corrigeait les dessins qu'ils apportaient et qui avaient été exécutés pendant la semaine qui venait de s'écouler.

Ces réunions avaient, on le voit, un très grand caractère d'utilité et elles ont donné de très bons résultats.

[1] M. Dauzat, inspecteur d'Académie d'Eure-et-Loir. Bulletin n° 61 : *le Dessin perspectif à l'école primaire.*

[2] Enseignement du dessin dans les écoles primaires élémentaires. Rapport présenté en 1885 par G. Serrurier, instituteur public au Havre.

Malheureusement, ce mouvement semble s'être ralenti, ce qui tient sans doute à ce que ces efforts, des professeurs aussi bien que des instituteurs, n'ont eu comme sanction que la satisfaction de bien faire. Nous indiquerons plus loin un moyen à employer pour le ranimer, sans grever cependant le budget.

CHAPITRE VII.

APPRÉCIATIONS ET PROPOSITIONS.

—

§ 1. AVERTISSEMENT.

Nous arrivons ici à la partie la plus délicate de notre tâche.

M. le Directeur de l'enseignement primaire, en nous appelant à l'honneur de rédiger cette note, nous a autorisé à porter des jugements. Nous l'avons fait en détail, au fur et à mesure que nous exposions ce qui a été réalisé; nous croyons donc inutile de donner sur l'ensemble de l'œuvre une appréciation générale. Il nous a permis, en outre, de formuler des propositions pour l'avenir; nous userons de sa très libérale permission et nous ferons porter nos propositions sur trois points, à savoir :

1° L'enseignement du dessin géométrique, qu'il faudrait constituer définitivement comme l'est celui du dessin d'imitation;

2° Les mesures à prendre pour développer la propagation des méthodes chez les instituteurs;

3° Les modifications à apporter aux examens du professorat pour les mettre à la hauteur des exigences actuelles.

§ 2. NÉCESSITÉ DE N'APPORTER AUCUN CHANGEMENT AU TEXTE DES PROGRAMMES GÉNÉRAUX.

Tout d'abord, nous demandons qu'aucun changement ne soit apporté aux programmes généraux de l'enseignement du dessin; nous voudrions, au contraire, si l'on est amené plus tard à revoir les plans d'étude des divers établissements scolaires, que l'on se conformât, en ce qui regarde le dessin, au texte littéral, mot pour mot, de ces programmes généraux.

Dans les programmes spéciaux des divers établissements scolaires, programmes élaborés par des commissions diverses, on a cru pouvoir changer l'ordre et quelquefois la rédaction de certains paragraphes. La méthode n'a pas pour cela été faussée; mais, pour certains esprits, qui n'étaient pas encore ralliés aux idées nouvelles, on semblait se déjuger. Il en est résulté du trouble chez les professeurs et un certain désarroi auquel, d'ailleurs, les inspecteurs ont bien vite porté remède.

§ 3. SÉRIES DE MODÈLES À CRÉER POUR LE DESSIN GÉOMÉTRIQUE.

Nous croyons avoir démontré que, si le dessin géométrique avait ses programmes parfaitement arrêtés, il était loin d'avoir sa pédagogie établie avec le même degré de perfection que celle du dessin d'imitation. Cela tient d'une part aux collections de modèles qui sont incomplètes, surtout en mécanique, et d'autre part à l'absence d'un diplôme spécial pour le professorat du dessin géométrique. Nous avons indiqué comment nous concevions la création de séries de modèles de mécanique et nous avons proposé leur mise au concours, sur un programme déterminé, entre tous les constructeurs.

La création d'un diplôme spécial est plus grave. Nous la traiterons plus loin en énonçant nos propositions relativement aux examens du professorat.

§ 4. PROPAGATION DES MÉTHODES NOUVELLES CHEZ LES INSTITUTEURS.

Pour développer la propagation des méthodes nouvelles chez les instituteurs, il suffirait, pensons-nous, d'encourager les conférences pédagogiques départementales dont nous avons parlé plus haut, mais en leur donnant la sanction suivante :

A la suite de ces conférences, il serait fait, par les soins des inspecteurs primaires et des professeurs conférenciers, un classement, par ordre de mérite, des instituteurs ou institutrices qui les auraient suivies. Les éléments de ce classement seraient les travaux des élèves, les travaux personnels des instituteurs aux séances hebdomadaires et un petit examen dont les conditions seraient faciles à régler. Les instituteurs qui auraient atteint pour ces différentes épreuves une moyenne suffisante recevraient un certificat d'aptitude à l'enseignement primaire du dessin, et ceux qui auraient brillamment réussi seraient gratifiés, en outre, d'une collection de modèles, d'une valeur plus ou moins grande. Cette collection serait, bien entendu, la propriété de l'école, mais elle constituerait pour les professeurs un précieux témoignage de satisfaction, puisque ce serait en leur nom et grâce à leur mérite qu'elle aurait été attribuée.

Une certaine somme est portée au budget de l'instruction primaire pour collections de modèles à donner aux écoles primaires; elle suffirait à couvrir les frais des dons faits dans les conditions que nous venons d'indiquer.

§ 5. MODIFICATIONS PROPOSÉES AUX EXAMENS DU PROFESSORAT DE L'ENSEIGNEMENT PRIMAIRE.

Abordons, enfin, la question des examens du professorat. Ainsi que nous l'avons dit, on délivre trois certificats d'aptitude; tous les trois sont relatifs à l'enseignement du dessin d'imitation; aucun d'eux n'est spécial au dessin géométrique. L'un des trois se rapporte à l'enseignement primaire, les deux autres à l'enseignement secondaire.

Suivant nous, le premier n'est pas assez primaire; il ne serre pas d'assez près les programmes des écoles normales; il ne donne pas une probabilité suffisante que les professeurs qui l'ont obtenu connaissent bien les programmes, et qu'ils sauront enseigner d'après les méthodes nouvelles; enfin il n'est pas assez abordable au personnel primaire [1].

Ce qui rend le certificat des écoles normales peu abordable au personnel primaire, c'est l'épreuve de dessin d'après un buste; il est presque impossible à une personne qui travaille seule ou sans les conseils d'un peintre ou d'un sculpteur, et c'est le cas de presque tous les instituteurs ou maîtres adjoints des écoles normales, d'arriver à savoir dessiner un buste. Au contraire, avec de la persévérance, et en

---

[1] Très peu d'instituteurs ou de maîtres adjoints des écoles normales ont, en effet, pu l'obtenir jusqu'à ce jour. Les candidats qui ont réussi sont, presque tous, des élèves d'écoles spéciales de dessin qui habitent Paris ou les grandes villes et qui n'ont généralement pas l'intention d'aller professer dans les écoles primaires supérieures des petites villes. Il serait de toute nécessité que ce diplôme pût continuer à être pris par cette catégorie de professeurs, mais, surtout, qu'il puisse être obtenu par le personnel des écoles normales et par les professeurs de travail manuel.

prenant les conseils des architectes, beaucoup moins rares dans les petites villes que les peintres et que les sculpteurs, cette même personne peut arriver, presque seule, à dessiner passablement un ornement; c'est pourquoi, considérant en outre que le dessin de la tête n'est que facultatif à l'École normale, nous voudrions que l'épreuve du dessin d'après un buste fût supprimée, ou, à la rigueur, que la note chiffrée qui en est la conséquence fût combinée avec celle du dessin d'ornement, mais ne fût pas éliminatoire par elle-même.

Nous ne changerions rien aux autres épreuves graphiques ou écrites; nous maintiendrions, en lui donnant peut-être plus d'importance, l'épreuve de rédaction française, qui, à notre avis, devrait être introduite aussi dans tous les examens relatifs au professorat.

Les épreuves orales resteraient ce qu'elles sont. Quant aux épreuves pédagogiques, nous supprimerions la correction d'un dessin de tête, qui n'aurait plus sa raison d'être, et nous la remplacerions par une leçon de dessin d'imitation, qui pourrait être soit le développement et l'application d'un des paragraphes 1, 2, 3 et 4 des programmes (figures à deux dimensions), soit une leçon sur la perspective d'observation, soit le dessin rapide exécuté, devant le jury, d'un objet usuel ou d'un fragment d'architecture, dessin dans lequel le candidat, se bornant à exécuter une bonne mise en place, justifierait à haute voix sa manière d'opérer et ferait, en somme, une véritable leçon primaire de dessin.

De cette façon, il y aurait pour cet examen deux épreuves pédagogiques, affectant chacune la forme d'une leçon orale: une pour le dessin d'imitation et une pour le dessin géométrique.

Le certificat des écoles normales ainsi modifié tiendrait,

on le voit, la balance à peu près égale entre les deux dessins, et par cela même il serait bien primaire. Ce serait une sorte de baccalauréat qu'il serait bon que tous les professeurs de dessin possédassent avant de concourir pour les autres diplômes qui, eux, équivaudraient à une licence ou à une agrégation de dessin d'imitation ou de dessin géométrique.

§ 6. MODIFICATIONS PROPOSÉES AUX EXAMENS DU PROFESSORAT DE L'ENSEIGNEMENT SECONDAIRE.

Si cela était admis, nous maintiendrions les examens relatifs au professorat dans l'enseignement secondaire, mais en élevant, peut-être, celui du degré supérieur. Nous y introduirions une rédaction sur un sujet emprunté à l'histoire de l'art ou à la pédagogie du dessin; nous ajouterions, à l'instar de ce qui se fait aux examens de la ville de Paris, une épreuve de composition d'ornement et d'art décoratif[1] et, facultativement, une épreuve de modelage.

Ce dernier examen, ainsi élevé, équivaudrait à l'agrégation de dessin d'imitation, tandis que celui du premier degré équivaudrait à la licence.

§ 7. CRÉATION D'UN DIPLÔME DE PROFESSEUR DE DESSIN GÉOMÉTRIQUE.

Pour l'agrégation de dessin géométrique, on instituerait des examens dans lesquels les candidats auraient à prouver qu'ils connaissent la géométrie descriptive, la perspective et les ombres, la stéréotomie, le dessin d'architecture et le

---

[1] A la rigueur, cette épreuve de composition pourrait être facultative, mais il serait entendu que ceux-là seuls qui l'auraient subie avec succès, pourraient être nommés professeurs dans les écoles municipales de dessin des grandes villes.

dessin de machines, et qu'ils sont au courant de la construction des bâtiments et de la construction mécanique. On pourrait s'inspirer de l'examen analogue institué depuis plus de vingt ans par la ville de Paris et qui donne d'excellents résultats.

Une session normale spéciale à ce nouveau diplôme pourrait avoir lieu en 1890; elle servirait, comme l'ont fait ses devancières pour le dessin d'imitation, à élucider les paragraphes du programme de dessin géométrique qui sont encore peu compris et médiocrement appliqués; elle servirait aussi à fixer les conditions de l'examen du professorat de dessin géométrique.

§ 8. CONCLUSIONS.

Il nous semble que, avec ces dispositions nouvelles, la question du professorat se simplifierait beaucoup.

Le diplôme primaire, celui que nous avons assimilé au baccalauréat, pourrait être exigé de tous les professeurs; il serait en quelque sorte le vestibule obligé de tous les autres. Grâce à lui, tout professeur spécial aurait donné la preuve qu'il n'est pas étranger, loin de là, au genre de dessin dans lequel il ne s'est pas cantonné.

Toute personne qui le posséderait pourrait être nommée professeur titulaire dans les écoles normales, dans la plupart des écoles primaires supérieures et, exceptionnellement, dans les petits collèges, dont le degré d'importance serait à fixer; elle y enseignerait les deux dessins. De plus, ces professeurs conviendraient fort bien aux petites écoles municipales de dessin.

Les places de professeurs adjoints et titulaires de dessin d'imitation ou de dessin géométrique dans les lycées, dans les grands collèges ou dans certaines écoles primaires supérieures très importantes, seraient réservées aux licenciés et aux agrégés; à eux aussi on confierait les enseignements spéciaux dans les écoles régionales des beaux-arts et dans les grandes écoles de dessin.

Jules PILLET,

Inspecteur de l'Enseignement du dessin.

TABLE DES MATIÈRES.

PREMIÈRE PARTIE.

CONSIDÉRATIONS GÉNÉRALES SUR L'ENSEIGNEMENT DU DESSIN.

DEUXIÈME PARTIE.

MONOGRAPHIE DE L'ENSEIGNEMENT DU DESSIN.

CHAPITRE I.

HISTORIQUE.

CHAPITRE II.

ENSEIGNEMENT DU DESSIN D'IMITATION.

1. *Les programmes et les modèles.*

2. Développements pédagogiques.

CHAPITRE III.

ENSEIGNEMENT DU DESSIN GÉOMÉTRIQUE.

1. Les programmes et les modèles.

2. Développements pédagogiques.

CHAPITRE IV.
DISCIPLINE PÉDAGOGIQUE.

CHAPITRE V.
SALLES ET MATÉRIEL.

CHAPITRE VI.
RECRUTEMENT DES PROFESSEURS.

CHAPITRE VII.
APPRÉCIATIONS ET PROPOSITIONS.

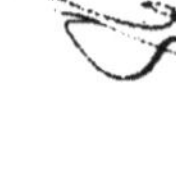

Fasc. n° 23. — Catalogue des lectures récréatives pour les veillées de l'école et de la famille. Prix.   75 c.

Fasc. n° 24. — Catalogue des périodiques scolaires de tous les pays. Prix..............   50 c.

Fasc. n° 25. — Résumé du Répertoire des ouvrages pédagogiques du XVIᵉ siècle. Une brochure in-8° de 123 pages. Prix................   1ᶠ 50

Fasc. n° 26. — Le phonétisme au congrès philologique de Stockholm, par M. Paul Passy. Une brochure in-8° de 40 pages. Prix...........   80 c.

Fasc. n° 27. — Décret déterminant les règles de la création et de l'installation des écoles primaires publiques. Une brochure in-8° de 148 pages. Prix............................   1 fr.

Fasc. n° 28. — Pestalozzi, élève de J.-J. Rousseau, par M. Hérisson. Un volume in-8° de 248 pages. Prix...................   3ᶠ 50

Fasc. n° 29. — Le certificat d'aptitude pédagogique, par M. Berger. Une brochure in-8° de 131 pages. Prix......................   1 fr.

Fasc. n° 30. — Le certificat d'études primaires supérieures. Une brochure in-8° de 63 pages. Prix......................   50 c.

Fasc. n° 31. — Bibliothèque circulante du Musée pédagogique. Une brochure in-8° de 14 pages. Prix.........................   50 c.

Fasc. n° 32. — Catalogue des bibliothèques des écoles normales d'instituteurs et d'institutrices. Une brochure in-8° de 53 pages. Prix........   50 c.

Fasc. n° 33. — Deux ministres pédagogues : M. Guizot et M. Ferry (avec une introduction de M. F. Pécaut). Une brochure in-8° de 32 pages. Prix.   75 c.

Fasc. n° 34. — Enseignement de l'agriculture. Un volume in-8° de 132 pages. Prix.......   2 fr.

Fasc. n° 35. — Instruction spéciale sur l'enseignement du dessin, par M. Keller. Un volume in-8° de 114 pages. Prix...................   1 fr.

Fasc. n° 36. — Bourses de l'enseignement primaire supérieur. Une brochure de 48 pages. Prix.   75 c.

Fasc. n° 37. — Résumé des états de situation de l'enseignement primaire pour l'année scolaire 1885-1886. Une brochure in-8° de 30 pages. Prix.   50 c.

Fasc. n° 38. — L'exposition scolaire de 1889. Une brochure in-8° de 95 pages. Prix......   75 c.

Fasc. n° 39. — Extraits d'Horace Mann, avec notice, par M. Gaufrès. Un volume in-8° de 245 pages. Prix.........................   2 fr.

Fasc. n° 40. — Décrets, arrêtés, circulaires et décisions ministérielles pour l'application de la loi du 30 octobre 1886 et des règlements organiques du 18 janvier 1887. Un volume in-8° de 251 pages. Prix.........................   2 fr.

Fasc. n° 41. — L'Algérie : Lois et règlements scolaires. Un volume de 178 pages. Prix........   2 fr.

Fasc. n° 42. — Les auteurs du brevet supérieur, par Mˡˡᵉ S. R. Prix.....................   1ᶠ 75

Fasc. n° 43. — Le cahier de devoirs mensuels. Prix............................   1ᶠ 75

Fasc. n° 44. — L'histoire des mots, par Michel Bréal. Une brochure in-8° de 32 pages. Prix...   75 c.

Fasc. n° 45. — Comment les mots changent de sens, par Littré, avec préface de Michel Bréal. Prix............................   1 fr.

Fasc. n° 46. — Écoles manuelles d'apprentissage et écoles professionnelles. Une brochure in-8° de 140 pages. Prix....................   2 fr.

Fasc. n° 47. — Textes et compositions des examens et concours de l'enseignement primaire en 1887. (Certificat d'aptitude au professorat des écoles normales. — Concours d'admission aux écoles normales primaires supérieures. — Certificat d'études primaires supérieures. — Bourses de séjour à l'étranger. — Économat.) Une brochure in-8° de 110 pages. Prix...................   2 fr.

Fasc. n° 48. — Titres et brevets de capacité : Règlements en vigueur et modifications proposées. Une brochure de 74 pages. Prix...........   1 fr.

Fasc. n° 49. — L'enseignement de la gymnastique dans les établissements d'enseignement primaire. Une brochure in-8° de 84 pages. Prix...   1 fr.

Fasc. n° 50. — Projet de loi sur les dépenses ordinaires de l'enseignement primaire et les traitements du personnel de ce service : Textes du projet du Gouvernement et du projet de la Commission. Un volume in-8° de 270 pages. Prix.......   2ᶠ 50

Fasc. n° 51. — Projet de loi sur les dépenses ordinaires de l'instruction primaire et sur les traitements du personnel de ce service. Recueil de documents parlementaires relatifs à la discussion de cette loi à la Chambre des députés. Une brochure in-8° de 175 pages. Prix........   75 c.

Fasc. n° 52. — Projet de loi sur les dépenses de l'instruction primaire et sur les traitements du personnel de ce service. Recueil de documents parlementaires relatifs à la discussion de cette loi au Sénat. Prix........................   2 fr.

Fasc. n° 53. — Recueil des textes de compositions donnés aux examens des brevets de capacité. (Brevets élémentaire et supérieur. — Session de juillet 1887.) Prix......................   7 fr.

Fasc. n° 54. — Recueil des textes de compositions donnés aux examens des brevets de capacité. (Brevets élémentaire et supérieur. — Session d'octobre 1887.) Prix......................   7 fr.

Fasc. n° 55. — Recueil des textes de compositions donnés au concours de 1887. (Écoles normales. — Bourses d'enseignement primaire supérieur.) Prix............................   7 fr.

Fasc. n° 56. — Les trois écoles nationales professionnelles. (Vierzon, Voiron, Armentières.) Prix............................   75 c.

Fasc. n° 57. — Discours prononcé au banquet de l'Association des anciens élèves de l'École normale de la Seine. Prix...................   75 c.

Fasc. n° 58. — Les écoles normales supérieures d'enseignement primaire de Saint-Cloud et de Fontenay. (En préparation.)

Fasc. n° 59. — Conférences et causeries pédagogiques, par F. Buisson. Prix......... 2 fr.

Fasc. n° 60. — Revision des programmes. Prix. 1f 60

Fasc. n° 61. — Comptabilité des écoles normales.
(Guide légal et administratif des économes.) Une
brochure in-8° de 138 pages. Prix..... 1f 75

Fasc. n° 62. — Les classes enfantines. Documents
législatifs et administratifs, avec introduction, par
F. Buisson. Une brochure in-8° de 113 pages.
Prix........................... 75 c.

Fasc. n° 63. — Discours de réception de M. Gréard à
l'Académie française. Prix........... 75 c.

Fasc. n° 64. — Questions historiques, par Eugène
Muller. (Sous presse.)

Fasc. n° 65. — Statistique de l'enseignement primaire
supérieur (écoles et élèves) au 31 décembre 1887.
Prix........................... 1f 25

Fasc. n° 66. — Livres scolaires en usage dans les
écoles primaires publiques. (Sous presse.)

Fasc. n° 67. — Discours sur l'éducation physique,
prononcé à la Chambre des députés par M. le doc-
teur Blatin. Prix.................. 20 c.

Fasc. n° 68. — Exposition de Melbourne. Prix. 1f 75

Fasc. n° 69. — Rapport sur la marche du Musée
pédagogique en 1887. Prix........... 75 c.

Fasc. n° 70. — Classement général des écoles primaires publiques en 1888-1889. Prix.... 1f 25

Fasc. n° 71. — Note sur l'instruction publique de
1789 à 1808, suivi du catalogue des documents
originaux existant au Musée pédagogique et relatifs à l'histoire de l'instruction publique en France
durant cette période. Prix........... 80 c.

Fasc. n° 72. — L'œuvre des colonies de vacances à
Paris en 1887. Rapport de M. Cottinet. Prix. 75 c.

Fasc. n° 73. — La question de la réforme ortho-
graphique, par A. Darmesteter. Prix.... 50 c.

Fasc. n° 74. — Programmes généraux des écoles manuelles d'apprentissage. Prix......... 50 c.

Fasc. n° 75. — Résumé des états de situation de l'enseignement primaire pendant l'année 1886-1887.
Un volume in-8° de 20 pages. Prix..... 50 c.

Fasc. n° 76. — Convention scolaire franco-suisse.
Prix........................... 50 c.

Fasc. n° 77. — Travaux de la commission de gymnastique. Prix.................... 1f 75

Fasc. n° 78. — Documents statistiques sur la situation
budgétaire de l'enseignement primaire public.
Prix........................... 75 c.

Fasc. n° 79. — Rapport sur l'exposition de Copen-
hague, par Mlle Matrat. Prix.......... 1 fr.

Fasc. n° 80. — Lois et règlements organiques de
l'enseignement primaire. Un volume in-8° de 186
pages. Prix...................... 2 fr.

Fasc. n° 81. — Programmes revisés des écoles normales d'instituteurs et d'institutrices. Prix. 50 c.

Fasc. n° 82. — Programmes des écoles primaires
supérieures.

Fasc. n° 83. — L'enseignement primaire professionnel,
par M. George Paulet. Prix........... 3 fr.

Fasc. n° 84. — Recueil des textes de compositions.
(Année 1888.) Prix................ 1f 80

Fasc. n° 85. — Rapports de MM. les docteurs Proust
et Brouardel sur la vaccination et la revaccination.

Fasc. n° 86. — Prix Bischoffsheim (Jeux scolaires).